DÉSASTRE

DE

CONSTANTINE.

IMPRIMERIE DE FÉLIX LOCQUIN ,
rue N.-D.-des-Victoires, 16.

DÉSASTRE

DE

CONSTANTINE

ET SYSTEME DE COLONISATION

DE LA

RÉGENCE D'ALGER;

PAR

J.-J. Adolphe CORRECH (de Lauzerte)

Docteur en Droit.

« La France conservera Alger. »

M. Thiers, Président du Conseil.

PARIS

DENTU, PALAIS-ROYAL, GALERIE D'ORLÉANS.

DELLOYE, 5, PLACE DE LA BOURSE.

1837

DÉSASTRE DE CONSTANTINE.

DÉSASTRE DE CONSTANTINE.

Les pages qui suivent étaient écrites lorsque la nouvelle du funeste événement de Constantine est arrivée à Paris. La France était loin de s'attendre que la petite armée que le maréchal Clausel avait réunie trouverait son Moscow sur les côtes d'Afrique, aussi en a-t-elle été vivement affectée. Elle comptait, et avec raison, que l'expérience consommée du maréchal Clausel et le climat ordinairement doux du pays l'auraient préservée de toute funeste catastrophe. Il en a été autrement. Le climat est devenu instantanément meurtrier; des torrens de pluie ont transformé un terrain ordinairement sec en boue liquide, où se sont engloutis les vivres et les équipages, et la neige enfin a glacé le sang d'une partie de nos soldats. Toutes ces circonstances, impossibles à prévoir, ont mis en défaut celui qui, à une époque de désastreuse mémoire, arrêta avec une poignée de soldats échappés à la fatale journée des *Arapiles* les légions victorieuses de Wellington sur les buttes à peine fortifiées de Burgos, et donna, par les héroïques efforts qu'il fit, le temps aux armées du midi et du centre de l'Espagne de se réunir et de délivrer Madrid et les deux Castilles.

Certes ce n'est pas quand on a une histoire aussi pleine de faits militaires glorieux que celle que possède le maréchal Clausel que l'on doit craindre l'accusation d'imprévoyance, et il faut être bien osé pour la porter. J'aime mieux croire que des considérations d'un ordre beaucoup plus élevé qu'aucune de celles qui ont été émises par les divers organes de la presse ont présidé, non pas à l'événement funeste dont le maréchal et son armée ont été victimes, mais à l'ensemble du système qui a été adopté pour la conquête et la con-servation du reste de la régence d'Alger. Ce système, je ne crains pas de le dire, a été à la fois mesquin et déplorable : mesquin, en ce qu'on a marchandé le nombre d'hommes et de francs que l'on devait mettre à la disposition d'un général en chef; dé-plorable, en ce que cette parcimonie n'a jamais per-mis d'entreprendre les choses les plus convenables en temps opportun et avec les moyens suffisans. De là sont résultés d'abord des tâtonnemens infinis qui n'ont que trop décelé la crainte aux yeux d'en-nemis aussi clairvoyans que les Arabes; ensuite, des échecs qui ont accru leur courage. C'est à ce système seul qu'il faut attribuer l'événement que la France déplore, non comme un échec irré-parable, grace à Dieu la France n'en est pas ré-duite à cette extrémité, mais comme un événement propre à enflammer l'enthousiasme d'un peuple fanatique qui nous forcera à répandre des flots du plus pur de notre sang. Et c'est cette crainte qui a rendu si vive l'impression que la France a reçue par la nouvelle de la rentrée du maréchal à Bone. Elle s'est dit qu'il faudrait qu'elle livrât plusieurs combats et qu'elle obtînt plusieurs victoires pour détruire l'effet de ce malheureux échec. Elle a vu qu'elle avait rétrogradé. Or, c'est justement ce que je prévoyais moi-même lorsque je recommandais un

déploiement de forces qui rendît la rétrogradation
impossible, en empêchant la nécessité du combat.

Mais ici se présentent d'autres considérations. On
dit : Convient-il de mettre une grande masse de
forces militaires à la disposition d'un seul homme?
N'est-il pas à craindre qu'en lui fournissant les
moyens d'acquérir de la gloire, il n'abuse des
prestiges dont elle l'aura couvert ? Et si on divise le
commandement, ne doit-on pas redouter que les
jalousies et les rivalités n'affaiblissent les forces
et ne concourent à renouveler les désastres que
nous avons déjà éprouvés sous Napoléon en Espagne ? Je conviens que ces considérations sont puissantes. Un ambitieux pourrait tirer parti de ses
triomphes, en enflammant l'ardeur belliqueuse
d'un peuple comme le nôtre, et c'est justement ce
qui doit déterminer le gouvernement à adopter un
plan où cette gloire ne puisse jamais devenir le
partage d'aucun ambitieux. Ce plan consiste à empêcher le combat. Il est bien évident que les Arabes
n'auraient fait aucune tentative pour se soustraire
à notre domination, s'ils eussent toujours été convaincus qu'elle leur eût été désastreuse. C'est cette
conviction qu'il faut produire ; il est un peu tard
sans doute, mais mieux vaut tard que jamais.

D'ailleurs il faut prendre les choses telles qu'elles sont et pour ce qu'elles valent : les forces que la soumission de l'Afrique réclame ne sont pas infinies ; et je ne crois pas qu'à quelque point qu'on les porte, elles puissent jamais devenir un instrument dangereux pour la mère-patrie. Et quand il ne faudrait pas de vaisseaux pour les transporter, les régimens Français n'en sont pas encore au point de proclamer comme les légions romaines celui de leurs généraux qu'ils voudraient porter à l'empire. Les généraux ont trop de respect pour les institutions qui nous régissent et trop de vénération pour le roi qui les nomme pour attenter à la puissance qu'ils tiennent de la nation. Les élémens des guerres civiles de cette nature n'existent heureusement pas chez nous. On y remarque des partis très-effervescens que dans un gouvernement comme le nôtre un changement de ministère apaise ; s'il est une tendance réelle, c'est celle de l'association des intérêts ; mais cette tendance est pacifique, et je ne pense pas qu'elle fasse jamais répandre une goutte de sang, surtout si elle est bien comprise et un peu favorisée.

Si j'avais un conseil à donner à ceux dont les actes peuvent assurer ou compromettre le bonheur de ma patrie, je leur dirais : Pour conserver une conquête nécessaire à l'avenir de la France, choisissez des hommes dont l'intégrité vous réponde, et donnez-leur tous les moyens qu'ils croiront nécessaires pour atteindre le but. N'allez pas, par des économies mesquines et par des craintes puériles, compromettre leur gloire passée et leur triomphe à venir, car ces résultats, vous ne pouvez les atteindre sans affecter le pays et sans jeter la joie dans le cœur de ceux qui le haïssent. La guerre a assez de chances fâcheuses sans que vous preniez à tâche de les augmenter. Laissez donc au génie de ceux que vous chargez du soin de les conduire la latitude dont ils ont besoin; et que leur responsabilité personnelle, de même que leurs antécédens, vous garantissent le succès. Souvenez-vous bien que l'opinion publique est toujours appelée à confirmer en dernier ressort les arrêts que les événemens prononcent, et que l'opinion publique est toujours disposée à acquitter les grandes illustrations que voudraient compromettre des hommes d'un jour.

Le maréchal vous a garanti le succès, et vous deviez vous en reposer sur sa réputation militaire. La funeste journée de Constantine ne doit point vous trouver responsables, et toutes les récriminations doivent se reporter sur celui qui commandaít nos légions ; du fond de votre cabinet , du milieu de cette atmosphère d'illusions dans laquelle vous vivez , vous ne pouviez dominer les élémens et mettre un terme à l'intempérie des saisons? Pitoyable et ridicule justification ! Et de quel privilège jouissez-vous donc, pour qu'il vous soit permis d'ignorer ce que tout le monde sait, que de toutes les époques de l'année nulle n'est moins propre à l'entrée en campagne que le mois de novembre ! Le moindre livre élémentaire vous l'eût appris ; il fallait lire *Mathieu-Laensberg*. Si, comme vous le prétendez, le maréchal tenait à opérer en novembre, s'il eût été assez peu prévoyant , assez étranger aux premières notions de son art pour s'entêter , votre devoir à vous était de le lui défendre. Quand des succès ou des chances contraires d'une expédition doivent dépendre l'existence d'une armée et l'honneur d'une nation , il vaut bien, ce me semble , la peine de réfléchir et de peser murement les moyens à prendre pour assurer le succès , avant de faire couler des torrens de sang en pure perte.

Au reste, le maréchal Clausel, arrivé devant une place qu'il avait été impossible de reconnaître autrement que par les indigènes, dont les rapports inexacts et mensongers n'avaient pu inspirer aucune confiance, a pris, en se retirant après l'avoir reconnue, le seul parti que dût prendre un militaire sage et expérimenté. La retraite conservait toute l'armée qui était arrivée devant Constantine, et permettait de recueillir les soldats restés en arrière. Si, au contraire, il eût persisté à prendre la place avec le peu de forces que la rigueur du temps avait laissées disponibles, il perdait irrévocablement les soldats qui n'avaient pu suivre, et peut-être aurait-il rendu difficile, sinon impossible, son retour à Bone. Dans cette hypothèse, extrême à la vérité, l'armée, son matériel, et le jeune prince auquel le maréchal enseignait ses premières armes, tout aurait été perdu. C'est alors que les Arabes auraient pu se vanter d'un véritable triomphe. Toutes ces tribus que le succès enflamme se seraient précipitées incandescentes sur nos divers établissemens, et Dieu sait quels revers leur enthousiasme fanatique ne nous eût pas fait éprouver ; alors, et à bon droit, on aurait accusé le maréchal de manquer d'expérience, et d'avoir sacrifié l'existence de la colonie et l'avenir de la France à un fol entêtement. M. Clausel n'en a point agi ainsi ; il s'est souvenu qu'un de ses illustres confrères, surnommé l'enfant gâté de la victoire par celui qui savait si bien qualifier les hommes, a perdu, par une opiniâtreté irréfléchie devant les lignes de Torrès-Vedras, une partie de sa gloire militaire, les plus braves de ses soldats, et le Portugal tout entier.

C'est bien, dites-vous. Après avoir accepté la mission de prendre Constantine, le maréchal a agi sagement en ne s'obstinant point à tenter ce qu'il jugeait impossible ; mais pourquoi a-t-il accepté cette mission ? qui l'y obligeait! L'honneur et son devoir. Le maréchal Clausel est français et soldat avant tout. Le gouvernement juge convenable de le charger d'une mission incertaine et périlleuse; dans son dévouement, il ne regarde point ce qu'elle pourra coûter à sa gloire; il obéit. Le résultat ne couronne point l'entreprise, et il tombe première et illustre victime de ce malheur. C'est cette belle abnégation qu'il faut exalter et non flétrir, car cette abnégation, dans une illustration comme celle du maréchal Clausel, est sublime. Que n'aurait-on pas dit, s'il eût agi autrement? Je ne descendrai point au fond des cœurs haineux pour y chercher les sentimens qui en seraient sortis dans une occasion semblable; chacun sait ce que peuvent la haine et l'envie pour dépopulariser une illustration qui porte ombrage. Le maréchal Clausel a bien fait d'accepter la mission que le gouvernement lui confiait, il le devait à sa haute et brillante réputation militaire, il le devait à sa

position, son honneur tout entier s'y trouvait engagé ; car, en effet, quel que soit le rôle du maréchal en Afrique, toujours est-il vrai qu'il y est
nécessairement le subordonné direct et immédiat
du conseil des ministres. Il a reçu un ordre, dont
le résultat pouvait être honorable pour lui et glorieux pour l'armée qu'il commande, il a été de
son devoir de chercher à l'exécuter ; mais qu'on ne
vienne pas nous dire qu'avant de se mettre en campagne, le maréchal n'a pas eu le soin de soumettre
ses observations à l'ordre formel d'occuper le pays ;
il y a trop de savoir, trop d'expérience et trop de
succès dans cette vie, pour qu'il soit possible d'admettre qu'un tel homme soit assez imprudent pour
agir avec autant de légèreté. Le maréchal s'est
porté sur Constantine, parce qu'il en a reçu l'ordre ; il s'est replié sur Bone, parce qu'il a jugé
ses forces insuffisantes pour soutenir avec succès
l'attaque qu'il avait commencée et que l'amour-
propre et celui de la gloire ont dû se taire, alors qu'il
ne pouvait plus les satisfaire, même en versant des
flots de sang qu'il avait pris à tâche d'épargner.
S'il eût été glorieux pour lui de reconduire son
armée triomphante dans les murs d'Alger, et de
répondre par une nouvelle victoire à la confiance
dont le pays l'a investi, il n'est pas moins honorable pour le maréchal d'avoir su se maîtriser

comme il l'a fait, et de faire céder son intérêt personnel à la conservation d'une poignée de braves
qui n'auraient trouvé qu'une mort glorieuse à la
vérité, mais inutile, sous les murs qu'ils devaient
occuper. Le maréchal s'est conduit en homme de
cœur et d'honneur ; il faut lui savoir gré de ses
efforts et plus encore de la prudence et de la sagesse avec laquelle il s'est acquitté d'une mission
qu'il ne lui a pas été permis de refuser.

L'Europe tout entière est étonnée du peu de
succès de notre première tentative ; mais qu'on ne
s'y trompe pas, ce n'est pas le maréchal ni l'armée
qu'elle en rend responsables. Elle sait à merveille
que chez nous le mot *défaite* n'est pas de bon aloi,
et que la journée de Constantine n'a rien qui puisse
nous perdre dans l'opinion que le monde a de
notre existence comme nation ; elle sait aussi que
pour une armée française un échec n'est qu'une
exception, et que cette exception n'est que de
courte durée : assez souvent elle l'a éprouvé à
ses propre risques pour qu'elle en soit convain-
cue, et qu'il ne lui soit permis de s'étonner d'autre
chose, que du peu de ressources que nous offre le
cabinet actuel. La marche du maréchal sur Constantine aura ce grand avantage, qu'elle éclairera
ceux qui vont être chargés de soumettre cette ville.

On doit de la reconnaissance au navigateur pour le danger qu'il court en signalant des écueils nouveaux : il enseigne à les éviter.

PRÉAMBULE.

PREAMBULE.

———

M. Thiers, président du conseil, a déclaré à la chambre des députés, à l'une des dernières séances de la session de 1835, *que la France conserverait Alger*. Cette déclaration a dû être prise en vertu des motifs les plus graves. Le gouvernement s'est dit qu'il était temps de mettre un terme au provisoire qui planait sur ses intentions à l'égard de la conquête. Il avait vu que l'avenir auquel cette

possession est appelée ne commencerait à se développer que lorsqu'une détermination énergique
et décisive aurait été prise. En effet, les Colons,
craignant de voir la régence abandonnée, n'y tra-
vaillaient pas avec cette persévérance et ce dévouement que la sécurité de la possession inspire;
leurs travaux sentaient le provisoire : on allait au
jour le jour, et l'on se contentait de produits ché-
tifs. Il en était de même pour toutes les affaires
commerciales. Aucune maison marquante ne se
fondait; aucune affaire de longue haleine n'était
entreprise, tout se réduisait à une sorte de bro-
cantage plus ou moins considérable. L'administration elle-même était comme paralysée. Rien n'a-
vançait ; rien ne prenait d'essor.

D'un autre côté, l'émigration, qui se porte avec
tant d'énergie vers l'Amérique du Nord, n'avait
pas encore tourné ses regards vers la côte d'Afrique. Vainement on lui disait qu'il y avait là, à deux
pas de l'Europe, des terres fertiles à cultiver et des
richesses à conquérir. Elle répondait toujours : Il
n'est pas certain que l'on puisse conserver ces richesses et ces terres. Aussi l'émigration continuait
à déborder sur l'Amérique.

Dans un ordre d'idées plus élevé, les états limi-

trophes de la Méditerranée, ceux surtout qui ont
toujours été en guerre contre la régence, avaient
devant les yeux le retour possible de la piraterie,
dont ils avaient été la proie pendant des siècles, et
ils disaient : « A quoi bon construire des navires
» et se livrer à des spéculations qui pourront de-
» venir une cause de ruine; le repaire des brigands
» accoutumés à nous courir sus n'est pas irrévo-
» cablement détruit. » Et ces états restaient sta-
tionnaires, ou du moins ne prenaient pas tous
leurs développemens.

Les grandes puissances maritimes voyaient aussi
dans l'incertitude d'avenir qui planait sur la régence une cause d'indécision pour leur résolution
future. Ainsi, du petit au grand, tout était stagna-
tion, insouciance ou dédain.

La déclaration du président du conseil sortie de
ces considérations a donc eu pour but d'engager
chacun à prendre son parti tant au dedans qu'au
dehors, tant parmi les simples particuliers que
parmi les nations. Mais il n'est pas difficile de voir
que les considérations que nous venons de signaler,
ne sont pas les seules qui aient concouru à la détermination que le gouvernement a prise.

Il a vu que, sorti des barricades populaires, il ne pouvait abandonner une conquête dont la restauration avait doté la France : il a vu que sa conservation serait pour lui un moyen de créer des marins et d'aguerrir ses soldats; il a vu enfin que possédant Alger il était toujours en mesure de profiter des éventualités que les commotions de l'Orient peuvent faire naître. En effet c'est une grande question que celle de l'Orient : deux grands empires, la Turquie et la Perse, y menacent ruine : un grand empire, la Russie, se projette sur eux, les enlace et les brise. L'Egypte proclame son indépendance à force de triomphes et de politique. La Grèce naît avec des espérances plutôt qu'avec de la force; mais ces espérances comptent des sympathies qui pourront les aider à se réaliser. Or il est évident que dans ce conflit sommairement présenté la France ne pourra rester neutre, et que la côte du nord de l'Afrique jouera un rôle proportionné à son importance. Pour se convaincre que ces considérations ont en effet contribué à fonder la détermination du gouvernement français à l'égard d'Alger, il suffit de se rappeler ce qu'ont dit à la tribune les divers orateurs qui ont parlé en faveur de sa conservation. Quelques-uns d'entre eux ont même fait valoir des motifs de civilisation, de religion et de philantropie; mais ni ces motifs ni ceux qui ont déterminé le gouvernement à proclamer sa fameuse déclaration, n'ont paru assez déterminans à l'honorable comte Jobert, puisque quelques jours après il déclara qu'il n'était nullement convaincu par toutes les raisons qu'il avait entendues, et que non seulement il persistait à regarder la possession d'Alger comme onéreuse et inutile, mais qu'il prenait encore l'engagement de renouveler la motion d'abandon à la session prochaine. Nous y voici et nous suivrons pas à pas l'honorable comte dans ses raisonnemens, s'il cherche, comme il s'y est engagé, à les faire prévaloir. La question est grave. La chambre prendra le temps de la bien réfléchir avant de s'exposer à joindre au malheur de Constantine le ridicule et la honte qu'il y aurait pour la France à se montrer ce qu'elle ne peut être, craintive et prête à souscrire à des exigences diplomatiques en abandonnant un pays pour la conquête duquel elle a sacrifié ses trésors et le sang de ses enfans. L'honorable comte Jobert prétend que la possession d'Alger ne vaut pas l'argent et les hommes qu'elle coûte, et que dans aucun cas ni dans aucun temps la France n'en retirera les avantages qu'on lui fait espérer. Il ajoute que la mère-patrie n'est ni assez riche ni assez peuplée pour jeter annuellement trente millions et des milliers d'hommes sur un sol ingrat, que le climat nous forcera tôt ou tard d'abandonner.

S'il était vrai que tel dût être le résultat définitif des dépenses considérables que la conservation de la conquête force la France à faire, il n'y a pas de doute qu'il faudrait l'abandonner le plus tôt possible; mais ce que l'honorable comte Jobert pose en fait est plus que douteux. Le climat des côtes d'Afrique n'est pas plus meurtrier à présent qu'il ne l'était du temps des Romains, et l'on sait que cette cause n'a pas empêché les légions de s'y établir, d'y coloniser, et d'y élever de puissantes et florissantes cités : le climat d'Alger ne forcera donc jamais les Français à l'abandonner contre leur volonté bien prononcée de le conserver. Je crois que l'honorable comte est dans l'erreur à cet égard; je crois aussi, contrairement à l'opinion qu'il représente, que la conservation d'Alger est une des nécessités de la France actuelle : non seulement en conséquence des considérations qui précèdent, mais en conséquence de raisons que je me propose d'indiquer plutôt que de développer dans les pages qui vont suivre. Je désire bien sincèrement que mes paroles portent la conviction dans les esprits qui doutent encore de cette nécessité, et établissent la confiance que la déclaration du gouvernement

français a fait naître ; car il ne faut pas se le dissi-
muler, l'honorable comte Jobert, en annonçant sa
ferme résolution de faire pendant la session actuelle
la motion d'abandonner la colonie, a neutralisé autant qu'il était en lui l'effet de la déclaration gou-
vernementale. Chacun s'est dit : dans un gouvernement représentatif, le ministère n'est que l'expres-
sion de la volonté de la majorité des chambres : or
les majorités changent, et avec elles les ministères ;
donc si celle qui existe maintenant venait à disparaître, et qu'une majorité contraire lui succédât,
que deviendrait Alger ? Aussi l'incertitude continue ; tout est presque aussi précaire qu'auparavant,
et l'avenir de ce beau pays est resté enseveli dans
ses limbes. Je serais trop heureux si ce premier
essai pouvait hâter de quelques instans sa déli-
vrance ; je crois que le bien-être de la France et
celui de l'Europe sont en partie attachés au sort
futur d'Alger.

On dit que la question de la colonisation du
nord de l'Afrique n'est pas une question simple.
On demande ce qu'on fera des Arabes qui nous en
disputent la possession. A Dieu ne plaise que je
sois si peu de mon siècle que de proposer de suivre
l'exemple des Espagnols dans leurs conquêtes
mexicaines ou péruviennes, non plus que celui

plus récent que nous donnent les Etats-Unis du nord de l'Amérique. Si la colonisation d'Alger ne devait se réaliser qu'au prix de l'extermination des Arabes , il faudrait préférer que l'émigration qui doit en fournir les élémens allât vivifier encore pendant des siècles les vastes solitudes du nouveau monde : là du moins, s'il y a beaucoup d'obstacles à vaincre et de dangers à braver, il n'y a pas de crimes à commettre. La guerre que l'émigration y soutient est une guerre de travail qui n'a pour but que l'amélioration d'une nature sauvage qui aime qu'on la pare. Le résultat que l'on obtient lui plaît, et profite non seulement à ceux qui lui ont consacré leurs soins, mais à l'univers entier.

Il n'en serait pas de même si l'extermination devait planer sur la régence ; nul n'en profiterait, pas même les colons en faveur desquels elle aurait lieu ; car elle les priverait d'auxiliaires indispensables et des secours nécessaires. Dans leur intérêt il faut conserver la population maure; et si on ne peut se l'incorporer, il faut traiter avec elle. Il y a assez de terres en Afrique pour elle et pour nous. Il faut surtout exécuter les traités avec la plus exacte bonne foi ; dans toutes les difficultés qui pourraient naître, se montrer justes dans toute la rigueur du terme, et faire pencher la balance plutôt en sa faveur qu'en la nôtre. Si les Arabes ne sont pas accourus au devant de notre alliance, si ceux qui l'avaient acceptée l'ont rompue, c'est sans nul doute parce que les premiers se méfiaient de nous et que les autres ont eu à s'en plaindre. Nos propres divisions et les funestes effets dont ils ont été témoins ont probablement contribué à produire leur éloignement. Je le repète, il faut être juste avec les Arabes, et l'être au moins autant que les sectateurs du koran dont la justice expéditive et gratuite se trompe quelquefois, mais ne révolte jamais.

On insiste, et on dit : A quoi bon traiter avec les Arabes? tiennent-ils à leurs engagemens, et s'ils les rompent sans cesse sous le prétexte le plus futile, quelle garantie peuvent-ils offrir à la stabilité de l'avenir? Sans examiner ce que ces questions peuvent avoir de fondé, je me borne à dire que si les traités que l'on a faits n'offrent aucune garantie, c'est parce qu'ils n'avaient aucune certitude sur la durée de notre domination, et qu'ils croyaient trouver une impunité assurée dans la faiblesse de nos forces militaires. Le moyen le plus efficace de prévenir la rupture des traités conclus et d'en faciliter d'autres est de déclarer irrévocable la conquête de là régence, et de déployer à sa conservation une masse de forces capable d'imposer le respect et d'empêcher toute croyance à l'impunité. Ce déploiement de forces fera plus : il convaincra les Arabes que le destin de la régence est fixé, et ils se soumettront ; Allah l'aura décidé. Ainsi l'on obtiendra de suite et sans combat ce qui autrement coûtera des sommes énormes, un temps considérable et des flots de sang.

On croit avoir fait merveille en armant les Arabes les uns contre les autres. On a pensé qu'en les portant à se détruire mutuellement on les affaiblirait et on les soumettrait plus facilement. C'est une erreur des plus graves : deux exemples différens me suffiront pour la démontrer. Les Espagnols conquirent la presque totalité du nouveau monde ; pendant qu'ils étaient occupés à combattre, ils promulguèrent une loi qui infligeait la peine de mort à quiconque enseignerait aux Indiens l'art de se servir des armes européennes et de faire la poudre à canon. Au moyen de cette loi les Espagnols ont conservé leur conquête.

Les Français, sous la conduite de Napoléon, s'emparent de l'Espagne qu'ils trouvent dans l'ignorance la plus profonde, quoique cependant toujours fière et guerrière. Ils établissent un roi français à Madrid, dont le ministre de la guerre se met dans la tête qu'un puissant moyen de conservation est d'enrégimenter les prisonniers que le sort des armes faisait tomber dans nos mains. Il enrégimente en conséquence près de cent mille hommes qui, après avoir reçu l'instruction militaire, désertent presque tous pour aller porter parmi les leurs les armes que nous leur avons confiées et notre tactique. Après une lutte de courte durée, les Espagnols nous expulsent. On alléguera peut-être que notre expulsion d'Espagne est due moins aux Espagnols qu'aux Russes, et que Moscow a plus influé à notre retraite honteuse que la bataille de Vittoria : je réponds que l'armement des indigènes nous aurait ou un peu plus tôt ou un peu plus tard forcés de quitter le pays.

Je me résume. Sans doute il faut avoir les Arabes pour soi, mais il faut les avoir comme auxiliaires pacifiques. Si on en fait des guerriers, l'Afrique tôt ou tard nous échappera.

CHAPITRE PREMIER.

I.

Considérations qui motivent la nécessité de conserver Alger.

La population de la France est en état de progrès constant : son territoire au contraire est déterminé d'une manière absolue, et parvînt-elle à l'agrandir en s'incorporant par voie de conquête quelques unes des provinces qui l'environnent, elle les trouverait pleines et occupées d'une manière à ne pas lui permettre d'y écouler un seul homme. Cette population de la France, qui s'est accrue de près de trois millions d'individus dans l'espace de dix-sept ans, lui impose l'obligation d'acquérir des terrains vacans, pour y transporter et y établir ceux de ses enfans qui ne peuvent trouver de place chez elle : car, d'après cette loi de progrès, il est bien évident que dans un temps plus ou moins éloigné le sol français ne pourra plus suffire à ses habitans. La restauration a servi la France en lui donnant Alger ; c'est là que son trop plein doit déborder ; c'est là qu'elle doit faire les sacrifices convenables pour l'établir. En agir autrement, c'est une imprévoyance : c'est se priver, à son détriment peut-être, de forces et de capitaux considérables ; car les hommes qui émigrent sont des forces vives, passionnées et productives de capitaux. Les laisser partir sans direction pour aller se perdre sur les déserts américains, c'est aussi manquer d'humanité. Les familles qui émigrent n'ont pas demandé à naître ; la société qui les produit doit, en les obligeant d'aller chercher ailleurs une subsistance qu'elle leur refuse, étendre au moins sur elles une sollicitude de précaution. Cette société n'en prend aucune, elle les laisse partir sans instructions préalables, et se croit trop heureuse d'en être débarrassée.

Quand on lui reproche son imprévoyance, elle vous dit qu'elle n'a pas le droit d'intervenir ; que les hommes sont libres et que chacun doit penser pour soi. A la bonne heure ; mais alors faites de la place à tous, que chacun trouve parmi vous ses moyens d'existence ; et s'il est prouvé que le sol ne peut pas les fournir, tirez au sort ceux qui doivent le quitter, couvrez leur établissement dans les pays étrangers de votre protection, et soutenez-les de vos moyens. Vous refuser aux sacrifices que ces établissemens peuvent exiger de vous, ce n'est pas économie, c'est barbarie ; et cependant vous ne voulez pas qu'on vous appelle barbares.

Je sais bien que les législateurs dans leur paternelle sollicitude ont fait une loi de succession qui appelle au partage de l'hérédité tous les héritiers directs ou indirects ; mais le partage amène la division des héritages, et à force de les diviser il expulse les héritiers. Or, cette expulsion que fait-elle sinon d'augmenter la masse perturbatrice de la population qui flotte sans moyens d'existence, qui n'a rien à léguer et dont les héritiers n'ont que la misère à recevoir. Il y a, dit-on, dans la seule ville de Paris trente mille individus qui se lèvent chaque matin sans savoir comment pourvoir à leur subsistance du jour. Etonnez-vous, si cela est vrai,

de la facilité avec laquelle l'émeute gonfle et pré-
cipite ses flots sur cette société imprévoyante. Quoi !
il existe à Paris trente mille individus sans pain et
sans avenir, et l'on ne tremble pas que cet avenir
ne jette ces trente mille individus sur les moyens
d'existence qui leur manquent? Le gouvernement,
en déclarant qu'il conserverait Alger, avait sans
doute prévu qu'une bonne partie de ces infortunés
pourrait trouver ! les moyens de vivre sur les
champs nouvellement conquis. C'était un com-
mencement de sollicitude qui aurait eu ses développemens successifs. Le gouvernement, en effet,
ne peut pas ignorer que les fils d'une même mère
ont également droit à son amour, et que le seul
moyen d'empêcher que sa partialité ne les révolte,
c'est d'offrir le nécessaire aux moins fortunés d'entre
eux. Voilà pourquoi il veut conserver Alger ;
c'est le patrimoine du pauvre que sa sagesse con-
quiert et assure pour le leur distribuer. Sa pré-
voyance est honorable puisqu'elle tend à maintenir
le repos de la France et le bien-être de ses enfans,
et cela en neutralisant les effets constamment per-
turbateurs de la loi de succession et de la division
indéfinie de la propriété.

Cette division que la *bande noire* accélère d'une
manière si effrayante ne permet pas d'atermoyer

la colonisation d'Alger. Il faut la décréter sur le champ, et exécuter ce décret avec empressement et vigueur. Chaque jour que l'on perd est un jour passé au milieu des plus grands dangers. Personne n'ignore que ce qu'on nomme les *prolétaires* s'associent dans le but d'obtenir du travail et du pain, par tous les moyens que la force brutale met en leur pouvoir. Ils parlent d'une nouvelle division de la propriété territoriale et d'une nouvelle division des bénéfices sociaux. Déjà même des sectes semi–religieuses et semi–philosophiques sont nées de l'esprit qu'a enfanté le besoin de vivre. Les unes, telles que celle de Saint-Simon, ont appelé tous les hommes à jouir des richesses du monde par droit de capacité; les autres, comme celle de Fourrier, les appellent aux jouissances terrestres en raison de leur faculté productive. Toutes provoquent une révolution violente où le monde serait reconstitué de toute pièce en un jour par la mise en position des penchans instinctifs et des aptitudes intellectuelles. Cette révolution dont ils ne voient pas les inconvéniens est heureusement impossible, autrement qu'avec l'aide des siècles. On ne peut que la hâter en la favorisant et en l'éclairant. Mais ces doctrines de bonheur que les sectaires prêchent ne fermentent pas moins dans les têtes de ceux qui aspirent à un changement, avec d'autant plus d'énergie, que demeurer dans l'état où ils se trouvent, c'est vivre de privations et mourir de langueur. Le changement est donc à l'ordre du jour ; et nul ne peut dire que celui de demain ne le verra pas éclore. Il faut donc aussi que ce mot d'ordre soit celui du gouvernement ; le repos du pays confié à ses soins lui en impose la rigoureuse loi.

La division de la propriété n'est pas la seule cause qui agisse d'une manière puissante à accroître la masse de la population flottante, et par conséquent ses dangers ; il en est beaucoup d'autres qui concourent avec elle plus ou moins activement. La première qui se présente, c'est l'instabilité commerciale provoquée par l'antagonisme social. La société actuelle est fondée sur la concurrence. La concurrence est l'art d'extraire du coffre d'autrui ce qui y est pour le mettre dans le nôtre en nous conformant aux lois. C'est dire à peu près que la fortune est au plus fin et qu'elle demande, de la part de ceux qui la possèdent, une surveillance et des précautions continuelles ; aussi la voyons-nous passer avec une rapidité étonnante des coffres des uns dans ceux des autres. De là le peu de confiance qu'inspirent les probités privées, même les mieux fondées : on croit toujours voir de l'hypo-

crisie là-dessous. De là encore les carrières man-
quées et des misères imprévues. De là enfin un
nombre d'individus plus ou moins grand qui vient
chaque jour augmenter la masse des désespérés,
aspirant le changement comme on aspire l'air, et
cherchant à l'obtenir par n'importe quel moyen.
Une autre de ces considérations secondaires, c'est
l'éducation que la société donne à ses enfans : cette
éducation, la même pour tous, trouve souvent
des naturels rétifs incapables de la recevoir. De là
les mauvais sujets d'écoles, les vauriens de société
et les fraudeurs par état. Ceux-ci sont pour l'ordinaire les oracles de tous les autres, les chefs
de file de l'émeute, et les mauvais prophètes de
l'avenir. On dirait que la nature les crée pour servir de ferment aux élémens de discorde et les faire
gonfler comme le levain fait gonfler la pâte. Les
hommes de cette trempe sont plus nombreux qu'on
ne le pense : les tribunaux en mettent chaque jour
quelques-uns en relief : la justice les frappe, mais
elle ne les détruit pas tous. D'ailleurs, qu'est-ce
qu'une société qui détruit les membres pour n'a-
voir pas à les craindre ! au point où nous en sommes on ne veut pas que la société détruise, on veut
qu'elle conserve : pour conserver, il faut qu'elle
améliore, et une des principales voies d'amélioration qui existent, c'est évidemment de procurer

des moyens d'existence. Façonner au travail tous ceux qui y sont propres, développer les tendances matérielles et intellectuelles de chacun, corriger celles qui sont vicieuses, encourager celles qui sont bonnes, voilà quelle doit être, selon moi, le but de toute éducation rationnelle. Si chacun la recevait cette éducation, la société remplirait son but harmoniquement, et ne serait pas obligée de s'arrêter épouvantée à l'aspect du sang qu'elle répand inutilement pour corriger. Les châtimens judiciaires n'amendent personne; souvent ils excitent: après Fieschi, Alibaud.

Le droit politique des Français et leurs dogmes religieux secondent admirablement bien l'action des causes perturbatrices sur les masses populaires. Il est écrit dans la charte que tous les Français sont égaux devant la loi; or, tous les Français savent que la première de toutes les lois est celle d'exister: et cependant, le pain leur manque une grande partie de l'année; d'où ils concluent avec assez de raison qu'ils ne sont pas du tout les égaux de ceux qui regorgent de biens. On réplique en disant que c'est seulement devant la loi, que leur égalité est reconnue autant que la loi punit et récompense; mais ces abstractions touchent peu celui que le besoin opprime, il les croit même un mensonge quand il les compare à ce qui se passe chaque jour sous ses yeux, devant tous les tribunaux de France. La richesse, la naissance même, les positions sociales, les réputations de famille, n'ont-elles pas une puissance effective sur l'esprit des juges? Les antécédens d'un malheureux prévenu, ceux de sa famille ne sont-ils pas des motifs qui changent contre lui le doute en évidence réelle, et qui transforment un acquittement en condamnation? Et si à l'aspect de ces faits trop nombreux et trop communs, l'esprit populaire accuse la loi de déception, est-il donc si coupable? Bien certainement il aurait beaucoup mieux valu qu'au lieu d'un code d'égalité anarchique, en désaccord manifeste avec tous les actes de la nature, les législateurs qui importèrent en France le code américain eussent dit : « Les hommes naissent et demeurent » sujets du besoin de vivre, et ont droit au » travail qui doit leur en fournir loyalement et » licitement les moyens. » Chacun eût compris cette déclaration, parce qu'elle est vraie, et chacun se fût arrangé de manière à s'y soumettre. Cette soumission, quel qu'en eût été le motif, aurait amené une répartition plus équitable des produits généraux. La doctrine de Fourrier ne serait pas venue remuer les masses, et une nouvelle révolution n'épierait pas le moment de s'introniser sur des débris plus nombreux peut-être que celle de 89.

L'évangile dit : « Tous les hommes sont frères et leur ordonne de s'aimer les uns les autres en cette qualité. La France est certainement religieuse, et comparativement plus religieuse que l'Espagne et l'Italie, qui cependant passent pour l'être beaucoup plus qu'elle. Les peuples bibliques de l'Europe, et à leur tête l'Angleterre, qui se vantent d'être plus éminemment chrétiens que les autres, comment exercent-ils cette fraternité évangélique ? Les riches tendent-ils une main plus généreuse au pauvre ? La misère y engendre-t-elle moins de corruption et de crimes ? Ne sont-ils pas tous hyérarchisés de supérieurs à subalternes ? ne sont-ils pas divisés en classes, ayant leurs privilèges spéciaux ? n'ont-ils pas des prisons et des échafauds, n'ont-ils pas des codes et des juges ? si tout cela existe chez les peuples chrétiens comment osent-ils se dire frères ! Comment veulent-ils surtout que ceux dont les sueurs et le travail servent à alimenter l'oisiveté des autres soient pénétrés de respect pour le dogme de la fraternité, et si ce respect enraciné au fond de leur cœur les pousse à mettre le dogme d'accord avec le fait, quel crime peut-on leur en faire ? ne seraient-ils pas en droit de dire : Vous réclamez notre fraternité quand elle peut vous nuire, vous la repoussez quand elle exige des sacrifices de vous ? nous voulons jouir du même bien-être ; nous sommes dans la loi de Dieu. »

Et c'est chez un peuple ainsi constitué, ayant ce code politique et le dogme religieux, professant les doctrines, que l'on vient dire qu'il faut abandonner Alger, et économiser les millions qu'il coûte ! mais que deviendront ces millions lorsque cette masse de bouches affamées et de bras robustes se lèveront pour réclamer leurs places au festin qu'ils vous ont servi ! Combien en perdrez-vous de millions pendant le temps que vous emploierez à débattre les articles de la nouvelle charte et à rédiger les statuts de la société nouvelle ? Combien vous coûteront les destructions que vous aurez opérées? croyez-vous que toutes ces dépenses réunies ne s'élèveront pas au-delà de trente millions annuels ? Rappelez-vous la révolution passée, ayez sous les yeux, si vous le pouvez sans frémir, les atrocités qu'elle a commises, le sang qu'elle a versé, les cadavres qu'elle a jetés en pâture aux bêtes fauves, les cinq milliards d'assignats qu'elle a dévorés pour se soutenir, les cinq millions d'hommes qu'elle a sacrifiés à sa défense, et voyez si vous voulez renouveler cette révolution, en fermant les côtes d'Afrique au trop plein d'une population qui vous tourmente. Le prolétariat que des causes énergiques élèvent sans cesse en nombre, s'il ne peut s'écouler, se renversera sur lui-même et sur vous; et si vous lui en donnez le temps, il prendra non ce qu'il demande aujourd'hui, mais ce qui sera à sa bienséance. Les Hébreux demandaient à quitter l'Egypte les mains vides : on leur refusa cette faveur minime; ils quittèrent l'Egypte les mains pleines ! hommes de pouvoir et d'avoir, réfléchissez.

Mais, dit-on, Alger est ouvert à tout le monde; le gouvernement du roi y a établi une administration qui veille avec impartialité sur les intérêts de tous; mais c'est parce-que ceux qui s'y rendent ne méritent pas la sollicitude que nous avons pour eux, et que l'argent qu'il faut dépenser pour les défendre n'est pas en proportion avec les avantages qu'on en retire que nous proposons de supprimer la dépense et la colonie. Appellerez-vous par hasard coloniser ce que vous avez fait jusqu'à ce jour en Alger ? Vous avez vendu vos terres à des exploitateurs et vous leur avez dit : Amenez vos hommes et nous vous protégerons; et qu'y feront-ils ces hommes ? Ils travailleront pour leurs maîtres dont ils sont les frères égaux devant la loi. Et

qui les obligera au travail ? Les contrats qu'ils auront passés, la faim et le fouet ; et s'ils se révoltent
contre des traitemens iniques, contre les exigences
de la cupidité, qu'en fait-on ? Quelques onces de
plomb les réduisent ; et tout est fini. Voilà ce que
vous avez fait ; et c'est en présence de pareils actes
que vous vous plaignez de la quantité des colons
qui sont arrivés sur les plages africaines : étonnezvous plutôt qu'il en soit arrivé un seul. Où avezvous vu que les hommes quittent une position
même mauvaise pour aller en prendre une pire? En
France le prolétaire est protégé par le droit commun ; s'il n'a pas toujours du travail, il a toujours
du moins une famille, des amis et la charité publique qui subviennent à son secours. En Alger, il
est soumis à la verge de fer du droit exceptionnel ;
du reste point de famille, point d'amis, et surtout
point de charité ; l'axiome commun est là : « Cha
» cun pour soi, et Dieu pour tous. » Si vous voulez que la colonisation prospère, faites au colon
des avantages supérieurs à ceux que la mère-patrie leur offre ; entourez-les de sollicitudes, de
bienveillance et de soins, donnez à leur travail
cette terre que leurs frères achètent de leur sang,
accordez-leur des franchises momentanées, surtout ne les excluez pas du droit commun : que
partout où ils se trouveront ils soient *un* avec vous ;

accueillez leurs plaintes, et ne leur faites pas mendier votre justice ; protégez-les enfin , avec d'autant plus de vigilance et plus d'efficacité, qu'ils sont plus éloignés de vous. A ces conditions et à celles que nous établirons par la suite, vous verrez la colonie prospérer, le flot perturbateur se dissoudre, et la France vous bénir. Mais comment formuler cette série de conditions nécessaires à la création, à la durée et à la prospérité d'un ordre colonial entier ? En étudiant ce que les peuples anciens et les modernes ont fait en colonies. C'est évidemment de cette étude que nos formules doivent sortir.

CHAPITRE DEUXIÈME.

II.

De la colonisation chez les peuples anciens et chez les peuples modernes.

Le plus ancien peuple colonisateur dont l'histoire ait gardé le souvenir, c'est le peuple phocéen; c'est lui qui a peuplé une partie des côtes du nord de la Méditerranée : Marseille lui doit son existence. Lorsque ce peuple sentait le besoin de se débarrasser d'une partie de ses membres, il s'assemblait et proposait la colonisation d'un point déterminé. Aussitôt que le nombre d'émigrans était obtenu, il leur nommait un chef, leur fournissait les moyens de transport, les vivres, et tous les autres objets nécessaires à l'entreprise. Les émigrans partaient couverts des bénédictions de leurs familles et des vœux de leurs concitoyens. Arrivés sur les lieux dont ils prenaient possession au nom des dieux de leur patrie, ils désignaient un emplacement pour leur demeure urbaine, et se distribuaient une portion du sol divisé par lots égaux et tirés au sort. Tous les travaux d'établissement étaient faits en commun à la manière dont se font, de nos jours encore, quelques travaux d'agriculture; c'est-à-dire en se prêtant des journées de travail. Les journées rendues, l'individualisme prenait son empire, et le régime municipal, intégralement transporté de la mère-patrie, naissait pour le régir. Ces colonies, ainsi organisées, étaient agricoles et commerciales. Ce sont elles qui ont introduit les premières notions de commerce dans l'intérieur des terres et des peuples qui les habitaient. Elles ont servi de type aux comptoirs commerciaux que les peuples modernes ont fondés sur les côtes d'Asie. C'est d'après elles que l'on se guidait soit pour l'acquisition des terrains, soit pour l'établissement des relations.

Une fois établie, la colonie se régissait en souveraine; et si elle se considérait comme la fille de la métropole, elle n'en recevait pas les lois, et ne portait point ses procès à ses tribunaux. Tous les différens que les transactions journalières faisaient naître étaient terminés par ses propres juges: alors on ne pensait pas encore que l'on pût ni que l'on dût aller à quatre mille lieues plaider sur la possession de quelques arpens de terre. Cette idée ne devait naître que dans la tête des descendans des barbares du Nord. Tout était donc municipal et souverain en même temps dans les colonies phocéennes de la Méditerranée. Lorsque la métropole avait besoin de secours personnels ou pécuniers, c'est à titre de prêt qu'elle les obtenait. La métropole qui avait fait tant de sacrifices pour établir la colonie, et qui avait cru que ses sacrifices n'étaient qu'une compensation nécessaire de l'expatriation, ne se croyait pas autorisée à exiger l'équivalent de ses sacrifices en imposant l'obligation des subsides : elle aurait craint de commettre un crime de contre-vérité. A cette époque reculée, le mensonge était mensonge sous quelque titre qu'il se présentât, et on n'aurait pas pu comprendre la justice d'un sacrifice dont les résultats n'auraient été avantageux qu'à des étrangers. On était positif alors. On vendait, on louait, on donnait à la mère-patrie comme au reste du monde , mais les colonies ne payaient pas l'impôt de vasselage au droit de souveraineté. Cette création est toute féodale, elle ne vint que beaucoup plus tard. Il est cependant vrai de dire que les peuples vaincus payaient un tribut aux peuples vainqueurs ; mais ceci est une autre question : les colonies n'étaient pas les vaincus de la métropole.

Après les Phocéens, le peuple qui a le plus colonisé sur les bords de la Méditerranée, c'est le peuple carthaginois. On lui doit presque tous les établissemens de la côte orientale d'Espagne, et notamment Carthagène. L'histoire ne nous dit pas d'après quels principes sa colonisation était dirigée; mais nous devons supposer que ces principes ne différaient pas de ceux qui présidaient à la colonisation phocéenne. Quoi qu'ils fassent, les peuples s'imitent comme les simples individus. La Phocide colonisait et se trouvait bien du mode qu'elle avait adopté. Carthage suivit ce mode et ne s'en trouva pas plus mal. Nous devons d'ailleurs faire cette concession à la sagesse bien reconnue du peuple carthaginois. Ainsi donc les colonies carthaginoises furent, comme les colonies phocéennes, souveraines et indépendantes de la métropole : seulement leur gouvernement municipal y fut plus aristocratique, par la raison que l'aristocratie était l'élément prédominant du gouvernement carthaginois. Du reste, les colonies carthaginoises ne furent que de véritables comptoirs commerciaux, ou pour mieux dire des entrepôts d'objets d'échange : s'ils devinrent agricoles par la suite, ils le durent à la conquête, et c'est alors seulement que le tribut fut payé par la colonie, mais ce tribut elle le recevait des Hériens qu'elle tenait sous le joug.

Les Romains à leur tour ont colonisé les côtes du sud de la Méditerranée, bâti des villes dans l'intérieur de l'Afrique et caserné des légions dans les Gaules, en Angleterre, dans une partie de l'Allemagne et sur quelques points de l'Asie ; quant à l'Italie, elle a été successivement colonisée par la concession que Rome faisait à ses diverses villes des droits de cité : c'était un mode expéditif qui n'exigeait ni frais, ni déplacement ; ainsi en usa-t-elle toutes les fois que sa politique le lui permit. L'histoire de ces concessions de droits de cité est l'histoire même de Rome : je n'en parlerai pas ; je me bornerai à observer que la colonisation romaine était essentiellement militaire, qu'elle n'avait d'autre objet que la conservation des territoires conquis et que la légion colonisée ne devenait *municipe* qu'en quittant les armes. Jusque là point de

loi municipale proprement dite, point de magis-
trats civils, point de juges ; mais aussitôt que les
soldats légionnaires étaient transformés en citoyens
et que le camp était devenu cité, le droit romain
dans son intégrité y faisait naître toutes les garan-
ties civiles et politiques que Rome dispensait. Alors
la colonie disparaissait et faisait place à une partie
intégrante de l'empire ; empire qui n'a eu d'autre
limite que le monde alors connu.

Après les Romains il ne paraît plus de peuple
colonisateur dans l'histoire, et cependant tous ont
dû coloniser ; car la loi de progrès en fait de population est une loi qui reçoit son application de
toutes les races d'hommes lorsqu'ils sont placés dans
des circonstances convenables : or, on doit juger
qu'elles le sont toutes les fois qu'un peuple surgit
tout-à-coup, se développe, et croît au point de sub-
juguer le peuple dont il envahit le sol. Je ne ré-
parerai pas cet oubli de l'histoire, mais je ne pas-
serai pas sous silence la plus grande colonisation
combinée qui ait jamais eu lieu, celle de la terre
promise. Voici comment cette colonisation se fit.
Les Hébreux sous la conduite de Moïse quittèrent
l'Egypte en nombre considérable. Dans le désert où ils demeurèrent quarante ans, ils créèrent
leur gouvernement politique et leurs lois civiles.

Arrivés sur la terre que Dieu leur avait donnée, ils la partagèrent d'abord en douze grandes parties, une pour chaque tribu : ensuite chaque tribu compta le nombre de ses familles, et fit de sa portion autant de lots. Après cette opération le sort détermina le propriétaire qui fut mis en possession par le chef de la tribu. Cette mise en possession constitua le droit de propriété que le propriétaire ne put jamais détruire que pour un temps, car la loi civile obligeait l'acquéreur à la restitution le jour du jubilé qui arrivait tous les cinquante ans. Le peuple hébreu était souverain et indépendant à l'égard de tous les autres, y compris celui d'Egypte qu'il avait dépouillé en le quittant. Ces diverses tribus n'étaient point ses sujettes, elles étaient ses membres ; elles payaient la dîme de leurs fruits aux temples, comme on paie dans une communauté. Du reste point de droit exceptionnel pour aucune d'elles, si ce n'est dans le cas de réparation. Mais l'exception disparaissait quand la satisfaction avait été obtenue : Ainsi donc dans cette grande colonisation hébraïque il y eut souveraineté et indépendance nationale complète ; gouvernement municipal uniforme, égalité de devoirs et de droits.

Il suit de ces divers exemples que la colonisation chez les anciens fut toujours combinée, c'est-à-dire projetée, discutée et arrêtée d'avance; qu'une fois établie, la colonie fut émancipée, et que les seules relations qui continuèrent à exister entre elles et la métropole furent des relations de bonne amitié et d'alliance. Des traités ne stipulèrent pas leurs obligations réciproques : ils n'étaient pas nécessaires. Des hommes sortant d'une même souche , unis par les mêmes intérêts ; les mêmes institutions, les mêmes langues et les mêmes mœurs , ne forment qu'un tout , quelque espace qui les sépare ; la politique peut bien les diviser pendant quelque temps , mais, les difficultés aplanies, la réunion s'opère par la seule force attractive de l'homogénéité. Un exemple : Les Etats – Unis du Nord de l'Amérique, forcés de rompre avec l'Angleterre pour se soustraire à sa dépendance , sont redevenus Anglais *quand même* le jour que leur indépendance a été assurée. Qu'une guerre éclate entre l'Angleterre et une autre puissance, et l'on verra pour qui l'amitié des Etats-Unis penchera. Au reste , cette expérience est faite : la guerre qui vient de finir a démontré la puissance de l'origine commune et des liens de consanguinité. Les colonies anciennes n'avaient donc pas besoin de stipuler qu'elles viendraient au secours de leurs métropoles. Ces stipulations, chaque colon les portait dans son cœur, et les transmettait avec son sang : ces traités-là sont toujours fidèlement exécutés.

Si des peuples anciens nous passons aux peuples modernes, nous voyons que la colonisation chez ceux-ci n'a jamais été une œuvre combinée et sérieuse, et quoiqu'ils aient conquis par les armes et des découvertes un continent immense et des îles nombreuses ils sont restés complètement en arrière des anciens. Aussi la colonisation moderne a-t-elle toujours été aventureuse et livrée à toutes les chances imaginables d'insuccès. Si les métropoles sont intervenues, ce n'a été que pour les soumettre à un régime exceptionnel qui les constituait tribus asservies bien plus propre à les anéantir qu'à les faire prospérer. On peut assurer, sans crainte d'être démenti, que si les colonies modernes sont parvenues au degré de puissance et de splendeur où nous les voyons, c'est en dépit de l'intervention métropolitaine. Le nord de l'Amérique va me servir d'exemple.

L'Angleterre possédait à titre de découverte une étendue immense de territoire dans la partie nord de la côte orientale de l'Amérique. Lord Penn demanda et obtint une concession du gou-

vernement anglais sur les bords de la Delaware.
Après sa mort, son fils Guillaume Penn s'asso-
cia une compagnie de négocians pour coloniser
la concession que son père lui avait léguée. La
compagnie obtint sa charte, et ramassa une partie de vagabonds de l'Angleterre, que ses vaisseaux transportèrent à leur destination. Une fois
arrivés, les colons, au lieu de procéder à un
défrichement du sol et à l'établissement urbain
qui devait leur servir de demeure, s'amusèrent
à chasser et à dévorer en pure perte les alimens
que la compagnie leur avait fournis. Déjà même
les colons de cette première expédition, réduits
à un petit nombre, cherchaient à fuir une con-
trée qu'ils regardaient comme inhospitalière,
lorsque des arrivages successifs vinrent ranimer
leur courage et les déterminèrent à faire de con-
cert avec les nouveaux venus, les premiers travaux d'avenir. Mais toutes les difficultés n'étaient
pas vaincues : au découragement dont ils avaient
été saisis lorsque leurs premières provisions furent épuisées, succéda la discorde; des rixes sanglantes eurent lieu, et les colons étaient encore
sur le point de se disperser, lorsqu'un gouver-
neur et des forces militaires parurent au milieu
d'eux. Dès lors les rixes cessèrent, les travaux
furent plus régulièrement exécutés; et la colonie

surgit enfin sur l'emplacement qu'avaient occupé
des forêts antidiluviennes. Alors aussi des établissemens agricoles furent fondés non pour
le compte privé des colons, mais pour le
compte de la compagnie, qui cependant n'obtint
jamais des produits suffisans pour couvrir les
intérêts de ses avances. Les affaires de la colonie au milieu d'un nombre infini de vicissitudes
prirent un certain degré de développement; mais
à mesure qu'elle croissait et devenait plus forte,
les colons devenaient moins soumis et plus exi-
geans. Souvent ils se révoltèrent contre les gouverneurs métropolitains, et malgré la loi martiale
que ceux-ci leur appliquaient, souvent aussi ils
furent obligés de s'embarquer et de venir chercher
à Londres la sécurité de leur personne. On comprend bien que dans un pareil état d'anarchie
brutale d'une part, et de féroce despotisme de
l'autre, les affaires de la compagnie ne prospé-
raient pas. Aussi fut-elle forcée de prendre un
parti extrême et de céder aux colons, moyennant redevance, des portions de terre qu'elle
les avait obligés de cultiver pour elle. C'est de
cette mesure que date réellement la prospérité de
la colonie. Aussitôt qu'elle fut connue, l'esprit
d'émigration s'empara de l'Angleterre : des fermiers
honorables et des négocians expérimentés par-

tirent. Guillaume Penn lui-même fit un voyage, et donna ses premiers réglemens politiques à la colonie. Il est vrai qu'il n'y resta pas long-temps et qu'à l'instar de plusieurs gouverneurs il fut obligé de fuir; mais il revint, ses conseils furent mieux écoutés, et je crois que c'est à cette seconde apparition qu'il promulgua la constitution politique de la Pensylvanie. Alors Philadephie était déjà une ville, et plusieurs bourgs étaient fondés.

D'après ce court aperçu historique on voit que le gouvernement métropolitain n'avait pas de plan de colonisation préconçu et déterminé, et que son unique soin s'est borné à prendre possession militaire des terres qu'il avait concédées pour en conserver la suzeraineté.

L'histoire de ce premier établissement colonial en Amérique est, à quelques variantes près, celle de tous les établissemens qui s'y formèrent après. Ainsi, par exemple, les colons qui fondèrent Boston firent leur constitution à bord du navire et pendant leur traversée d'Amsterdam en Pensylvanie où ils se dirigeaient, mais que le mauvais temps ou l'ignorance du capitaine leur firent manquer; ils atteignirent Rhodde-Island qui est beaucoup plus au nord, et où toutefois ils dé barquèrent et s'établirent. Ces colons, au nombre de quatre-vingt-onze, étaient des presbytériens qui avaient fui l'Angleterre pour cause de persécution religieuse. On pense bien que, victimes de l'intolérance, leur acte constitutif dut être une proclamation de la tolérance la plus absolue ; c'est ce qui eut lieu en effet. Aussi cette proclamation leur attira-t-elle un nombre considérable de coreligionnaires, et l'on peut dire à leur louange que l'enfantement de leur prospérité a été bien moins pénible et bien moins douloureux que celui de la Pensylvanie, ce qui n'a pas empêché en 1774 l'état de Boston de se soulever le premier contre l'impôt du thé et du papier timbré qui révolta la colonisation tout entière, depuis les bords de la rivière de Saint-Bernard jusqu'à la Caroline du Sud, et qui finit par établir la scission complète de la colonie et de la métropole, et l'indépendance souveraine des treize états de l'Union.

Depuis la fondation du premier établissement colonial jusqu'à son émancipation, il s'est écoulé un espace de plus de deux siècles et demi. Pendant le long enfantement de cette nation, dont le génie politique, industriel et commercial étonne à bon droit la vieille Europe, qu'a fait le gouvernement

Anglais dans ses prévisions d'avenir et dans sa sollicitude actuelle? Il a signé des chartes de concessions de terres, il a envoyé des troupes et des gouverneurs, il a disputé et cédé une à une ses prérogatives souveraines ; il a perçu des impôts plus vexatoires les uns que les autres, et enfin il s'est fait chasser.

L'exemple que je viens de citer s'applique à toutes les puissances colonisatrices modernes. Toutes, après avoir acquis des terres vacantes, les ont livrées à la colonisation aventureuse des individus sans leur tracer de règles de conduite, sans leur donner de direction, et sans les pourvoir d'objets nécessaires. Aussi le développement des colonies a été long et pénible; mais aussitôt qu'elles ont été jugées viables, la métropole s'est empressée de les mettre sous la tutelle oppressive de ses gouverneurs et à l'action dévorante de son fisc. Dès lors l'accroissement, d'abord si rapide, s'arrête, le trouble commence, la lutte s'organise, la révolte éclate, et une longue suite de combats entrecoupés par des trèves plus ou moins longues amènent enfin l'indépendance. Si pendant le temps qui s'écoule d'une époque à une autre la colonie prospère, grandit et se fortifie, c'est parce que l'émigration ne cesse de lui porter ses vivifiantes forces, de réparer ses pertes et d'accroître sa vigueur.

Pour être tout à fait juste il faut pourtant dire que quelques essais de colonisation combinée ont été tentés par la France et par la Hollande; ceux de cette dernière puissance au cap de Bonne-Espérance et à Batavia ont réussi; ceux de la première à la Guianne française et au Sénégal ont complètement échoué. Mais, ces établissemens de colonisation combinée sont si peu de chose en comparaison de ceux fondés par la colonisation aventureuse, qu'ils méritent à peine d'être mentionnés.

Il résulte de tout ceci, que les anciens ont été supérieurs aux modernes dans l'art de la colonisation, et que, pour mieux réussir qu'ils ne le font, ces derniers doivent au moins les imiter. Je sais bien qu'il leur répugne de fonder des colonies sur le principe de l'indépendance absolue; mais alors qu'ils les fondent au moins sur le principe d'une parfaite égalité de droits et de devoirs : que la colonie soit partie intégrale de l'empire, et qu'il ne soit plus question de souveraineté ni de métropole : ce sera déjà une grande amélioration , et l'on commencera par où l'on est forcé de finir. De cette manière l'on s'épargnera mutuellement une longue suite de sanglantes commotions, et l'on arrivera de prime abord au but qu'on se propose, qui est d'obtenir dans le moins de temps et aux moindres frais possibles la plus grande masse de bonheur. Toutefois, comme l'esprit du siècle a horreur d'être imitateur servile des choses antiques, même bonnes, qu'en tout il veut améliorer et perfectionner, nous allons examiner les systèmes économiques qui régissent les diverses réunions humaines, et proposer celles des améliorations que nous croirons être acceptables et praticables par un établissement colonial nouveau. Ces systèmes n'ont été jusqu'à ce jour qu'au nombre de deux : l'un, le plus ancien et le plus généralement répandu, est désigné par le nom d'*Antagonisme*; l'autre, qui parait n'en être qu'une fraction minime, est connu sous le nom de *Communautaire*. Mais l'esprit du siècle auquel je faisais allusion tout-à-l'heure en signale un troisième qu'il nommé système *Economique social*. Si l'examen auquel je vais me livrer est convenablement fait, il donnera, j'espère, les formules que nous cherchons.

CHAPITRE TROISIÈME.

III.

Du système économique *dit* Antagoniste.

L'Antagonisme a commencé avec le monde ; aussitôt qu'il y eut deux hommes, il produisit un meurtre. Depuis lors, les familles, les peuplades, les nations, le genre humain entier, n'ont cessé d'immoler par milliers leurs plus valides enfans sur les autels du monstre hideux. Les sujets les plus futiles comme les plus graves ont servi de prétexte et de cause à l'immolation continuelle. Ainsi quelques pouces de terre sur les frontières, de même que quelques mots ajoutés au symbole ou retranché du dogme, ont suffi pour provoquer une recrudescence de zèle et de cruauté. En vain des sages surgirent-ils de temps à autre en divers lieux pour reprocher leur aveuglement aux hommes et les retirer de la sanglante ornière où ils étaient engagés; en vain même un Dieu se fit homme pour leur apprendre qu'ils naissaient frères, qu'ils devaient s'aimer et aimer Dieu leur père commun; les sages périrent à la peine, le Dieu fut crucifié et le genre humain continua et continue encore dans ses farouches égaremens. Il est vrai que dans cette longue et délirante convulsion l'Antagonisme s'est amendé, que d'antropophage qu'il fut à l'origine il devint conservateur d'esclaves et exploitateur d'hommes libres. Puisse-t-il s'amender toujours et assez profondément pour devenir conservateur prévoyant et répartiteur équitable.

L'Antagonisme a produit tous les vices qui agitent la société actuelle : il a produit aussi tous les crimes qui l'affligent, mais, comme par compensation il a produit aussi presque toutes les vertus. C'est à lui que l'on doit la presque intégralité des sciences et leur appendice. On lui doit aussi un grand nombre d'établissemens de bienfaisance, car l'Antagonisme se mêle de tout. Il est vrai qu'il est obligé de s'abdiquer lui-même quand il veut produire soit le bien soit le mal. Il sait qu'il est radicalement impuissant lorsqu'il est absolu : et, par exemple, lorsque deux hommes isolés sont antagonistes, que produisent-ils ? ce que produisirent les deux premiers enfans d'Adam, la destruction de l'un d'eux. Qu'ils soient unis au contraire, et leurs efforts combinés enfanteront des merveilles ; et, en effet, toutes celles qui existent ont été créées par l'association. Quel spectacle n'offrirait pas la terre si les hommes depuis six mille ans eussent toujours travaillé d'ensemble !

Mais ne soulevons pas des questions que nul ne peut résoudre. Contentons-nous de constater que l'Antagonisme absolu est impropre à fonder quoi que ce soit, et encore moins une colonie, quel que soit le mode d'après lequel on procède ; car, soit que l'on y appelle des familles rendues indépendantes les unes des autres par une dotation uniforme de terres et de moyens d'exploitation, soit qu'on vende ou que l'on concède de grands lots de terre à des entrepreneurs de colonisation, toujours faut-il que les travaux de premier établissement soient faits par un nombre plus ou moins considérable d'hommes dirigés dans un intérêt et par une volonté uniques : donc, et pour première conclusion, une colonie ne peut être fondée que par association.

Mais cette association, d'après quel mode procédera-t-elle ? sera-t-elle *sociale* ou *communautaire ?* C'est ce qu'il faut déterminer par un examen approfondi de l'un et de l'autre mode.

En attendant, il faut remarquer que l'Antagonisme est éminemment retardataire et dégradant : retardataire, en ce qu'il est exploitateur d'hommes , et que l'homme exploité rend toujours le moins possible. Les champs qu'il soumet à la culture semblent participer de cette répugnance à produire ; car eux aussi ne rendent que le moins qu'ils peuvent ; et cela se comprend : cultivés par des instrumens dégradés, ils ne reçoivent que le travail qu'on ne peut absolument lui refuser ; dès-lors il n'est pas étonnant que ces produits soient loin de ce qu'ils pourraient être.

D'autre part, l'antagonisme oblige chaque propriétaire de quelques arpens de terre d'en exiger toute sorte de récoltes ; et, pour les obtenir, il les livre à des cultures qui ne leur conviennent pas. Dès lors ces champs donnent peu, et le peu qu'ils donnent est de mauvaise qualité.

Mais où l'Antagonisme se montre retardataire au suprême degré, c'est dans l'économie domestique et dans l'économie artistique. Voyez dans Paris ces cent cinquante mille familles isolées les unes des autres, ayant chacune leur cuisine, leur cave et leur grenier : qui peut calculer l'économie journalière qu'un autre mode social pourrait produire ? Ces cent cinquante mille familles ne pourraient-elles pas se réunir en quinze cents ou deux mille groupes, et faire en commun leur dépense respective ? Combien n'épargneraient-elles pas ? Et appliquant cette épargne à ces mêmes dépenses, combien ne seraient-elles pas mieux vêtues, mieux nourries et mieux logées ? Jamais, dit-on, l'humanité ne parviendra à ce degré de réunion sociale : patience. Qui eût dit, il y a cinquante ans, qu'on trouverait, pour la modique somme de dix-huit sous, un dîner chez les restaurateurs de Paris ! Patience, dis-je encore : le monde marche et ne s'arrêtera pas.

Ce que je viens de dire de l'économie domes-

tique s'applique dans toute son étendue à l'économie artistique. Voyez dans ce même Paris ces mille
chapeliers, ces mille bottiers, tailleurs, occupant
chacun un local particulier et ayant un jeu com-
plet d'instrumens divers : ces professions ne pourraient-elles pas se grouper aussi dans quelques
ateliers, et fournir, au moyen des économies
qu'elles feraient, des produits de meilleure qualité
et à plus bas prix? Sans doute, elles le pourraient.
Un essai partiel en a été tenté par l'illustre M. Ter-
naux. Cet essai n'a pas été heureux : des causes
indépendantes du principe lui ont nui. D'autres
personnes reprendront ce mode, et, éclairées
qu'elles seront par l'expérience, elles réussiront.

L'Antagonisme est beau à la tête d'une armée
précipitant ses lignes héroïques sous le feu de la
mitraille et les envoyant à la mort d'un pas silen-
cieux et dévoué. Il est sublime dans l'enceinte des
temples où ses adeptes, en balayant de leurs fronts
prosternés les dalles glacées du seuil, appellent les
bénédictions du ciel sur leurs actions, en lançant
l'anathème sur leurs anti-religionnaires. Il est
brillant dans les vastes ateliers où la force humaine
réunie lutte de privations contre la concurrence
qui l'exténue. Mais, dans tous les cas et dans leurs
analogues, l'Antagonisme oblige les individus à

faire abnégation d'eux-mêmes ; il leur ôte leur *moi*, et les réduit au rôle de machine passive, et c'est en cela qu'il est dégradant. Mais cette abnégation absolue qu'il exige est contre nature, et dure d'autant moins qu'elle est plus violemment obtenue. Il arrive un temps où la nature reprend son empire : alors la révolte éclate, la puissance se brise, et les prodiges ont cessé.

Mais pour avoir brisé la chaîne à laquelle ils étaient attachés, et s'être dispersés en mille directions diverses, ses élémens n'en restent pas moins antagonistes et n'en produisent pas moins de funestes effets. Que de sollicitudes l'Antagonisme n'est-il pas obligé de développer pour soumettre ces élémens hostiles à un ordre quelconque ! Voyez-le à la peine, classant, hiérarchisant et divisant pour régner. Ici c'est une église qu'il institue, avec mission spéciale de scruter les consciences, d'en connaître le fond, d'en châtier les désirs exubérans et de porter l'intimidation des ames jusqu'au-delà du tombeau, et, par voie de consolation, de leur offrir les délices d'une Jérusalem céleste. Ainsi, peines et récompenses sont promises pour sanction des actes que l'on veut produire ou réprimer là où toute puissance humaine cesse. Dieu lui-même est constitué ministre d'un ordre qu'il réprouve, puisqu'il est en manifeste contradiction avec la loi d'attrait.

Là, ce sont des tribunaux qu'il fonde pour connaître des infractions commises à l'ordre qu'il veut conserver, et pour leur appliquer les peines souvent atroces qu'il a déterminées.

Plus loin, ce sont des bandes de sbires qu'il organise, les unes ostensibles, les autres cachées, afin de surveiller, de dénoncer et d'arrêter tout individu qui se met en état d'hostilité contre lui. Ses regards pénètrent partout; il voit par les yeux de ses sicaires, il entend par leurs oreilles. Pas un geste, quelque insignifiant qu'il soit, ne lui échappe; pas un mot, quelque bas qu'il soit dit, ne passe sans être noté. Tout est incriminé selon les apparences; et l'homme de bien, qui n'ignore pas toute la crainte qu'il inspire, vit dans une perplexité continuelle que ne calme pas toujours la sécurité qu'on lui promet. Et, en effet, cette sécurité est illusoire; car le besoin de vivre, auquel se joint quelquefois celui de jouir, trompe souvent la vigilance la plus active, et annonce, par les catastrophes qu'il produit, que la police est en défaut. Vous croyez, peut-être, que ces catastrophes corrigent l'Antagonisme, et que ce dieu soupçon-

neux s'adressera quelques questions sur l'ineffica-
cité du système qu'il emploie? Nullement. Il aug-
mentera le nombre de ses agens; il multipliera
ses réglemens législatifs; il aggravera les peines;
il appesantira le joug jusqu'à ce qu'enfin la révolte le brise inutilement sur son front pour se
mettre dans de meilleures voies.

D'un autre côté, c'est une trame fiscale qu'il
ourdit. Pas une pièce de monnaie ne circule, pas
un produit n'arrive au marché, pas une transac-
tion n'est opérée, sans payer un droit de passage
plus ou moins considérable. Il n'y a pas même
jusqu'à l'intelligence, cette portion de lui-même
que le Créateur départit à son œuvre, qui ne
soit mise à l'amende : le fisc l'oblige à lui payer
un droit d'invention. Enfin l'Antagonisme, pour
amoindrir l'existence des êtres qu'il pressure, les
rendre plus dociles à son frein, les oblige à payer
l'air qu'ils respirent. Aussi son délire a-t-il atteint
les bornes du possible. Il tombe dans l'absurde,
s'il fait encore un pas.

Cependant la crainte l'assiège ; il comprend que
toutes ses précautions le dénoncent, et il se dit :
Organisons un appareil de forces capables d'inti-
mider, et d'empêcher jusqu'à la pensée d'attenter

à sa faiblesse. Alors il organise une vaste force compressive, et il enrégimente, pour exécuter sès volontés despotiques, les enfans de ceux qu'il opprime, sans s'apercevoir que cette force peut se tourner contre lui-même. En vain l'histoire lui dit que les empires, fondés sur les erremens qu'il suit, ont disparu du monde ; que la force qui devait les défendre les a détruits : en vain elle les lui nomme, l'Antagonisme traite l'histoire de radoteuse et va toujours son train.

Enfin, pour couronner cette immense série de mesures iniques, l'Antagonisme d'une nation s'associe à celui d'une autre, et stipule, par des actes publics, que sa terre n'offrira plus de refuge à celui qu'il aura déclaré coupable. La terre devient donc l'ennemie de ses enfans ; le ciel, fermé pour eux, n'accueille plus leurs espérances, et le soleil n'éclaire plus que des cadavres ambulans au sein de leurs cités. Et cet état accusateur dure depuis des siècles ! Et Dieu n'a pas compassion de l'homme ! Et les souffrances de chaque instant qu'il connaît et qu'il compte n'appellent pas un rayon de lumière bienfaisante sur les êtres privilégiés dont il fait ses instrumens ! Car, enfin, si les êtres sèment les peines, ils recueillent les dangers, et l'expérience leur prouve que ces dangers ne sont pas toujours vains. Quelque haut élevée que soit leur position, les misères publiques atteignent leurs sympathies et leur causent des douleurs profondes. Les bienfaits qu'ils répandent à pleines mains en sont une preuve incontestable. On dirait que Dieu a placé la charité près d'eux pour leur servir de conciliatrice. Puisse-t-elle remplir bientôt et complètement sa mission !

Les lignes que je viens de tracer présentent sous des couleurs lugubres , mais malheureusement vraies , un tableau raccourci de la civilisation humaine. Sont-elles accusatrices ? oui , du système qui a produit l'état de choses que je déplore, mais non des individus qui y ont coopéré. Le genre humain est engagé dans une voie de malheurs dont il faut qu'il sorte : tous ses membres , quels qu'ils soient , petits ou grands , jeunes ou vieux , riches ou pauvres, ont le même intérêt de s'en dégager ; leur faire connaître les dangers de leur déplorable position n'est point les accuser de s'y être mis , mais les engager à réunir leurs efforts pour l'améliorer. Nous sommes parvenus à l'époque où nous vivons par une longue marche. Tout ce que nous avons, comme tout ce que nous savons, nous a été légué par les générations qui nous ont précédés. Dans ce long enchaînement de fils et d'aïeux , d'effets et de causes, s'il y en a à déplorer, il n'y en a point de coupables : car si la terre, de paradis qu'elle était jadis, est devenue un enfer, c'est sans doute parce Dieu l'a voulu. Assez sur ce point ; passons au système communautaire.

CHAPITRE QUATRIÈME.

IV.

—

Du mode économique *dit* Communautaire.

———

Le plus ancien et le plus mémorable exemple de
ce système économique que je puisse citer est celui que m'offre Lycurgue dans l'établissement de
Sparte. Appelé par les divers partis antagonistes à
régler les différens qui les divisaient, il compta les

chefs de familles alors existantes, et leur donna par portions égales le territoire qu'ils se disputaient. L'histoire observe qu'en revenant d'un voyage au temps des récoltes il fut émerveillé de voir l'égalité des produits du partage qu'il avait fait. On sait que cette égalité matérielle dura peu de temps parmi les premiers Spartiates, et cela devait être, par la raison que les familles étant inégales en nombre, elles durent l'être en forces, et par conséquent en produits.

Toutefois, on pourra supposer que cette inégalité corrélative des familles n'en resta pas moins une égalité absolue entre les individus qui les composaient : mais cette supposition est une erreur. La suite des événemens qui arrivèrent à la Laconie prouve que l'inégalité des familles descendit dans les individus, et qu'elle y fut en raison directe de leur aptitude à produire. La nature ne fait pas des égalités. On dirait que cela lui est impossible. Dès-lors, pour maintenir l'égalité factice que Lycurgue avait établie, il fallut créer des esclaves. Les Ilotes, et plus tard les Messéniens, satisfirent à cette nécessité. D'où il résulte qu'une communauté absolue de travail et de peines, de produits et de jouissances, est impossible, si elle n'est fondée sur le travail d'autrui.

Les frères *Moraves*, nous dira-t-on, vivent en communauté depuis longues années, sans que l'esclavage leur ait été nécessaire pour les alimenter. A cela je réponds que la communauté des frères Moraves n'est point absolue, puisqu'ils ont leurs familles et des objets dont les uns jouissent à l'exclusion des autres. La communauté Morave est une confusion d'antagonisme et de socialisme, telle que toutes les sociétés modernes en offrent des traces plus ou moins saillantes. Ainsi, par exemple, il existe dans Paris plus de cent cinquante sociétés dites philantropiques, dont les membres, moyennant le dépôt qu'ils font de deux francs par mois, reçoivent deux francs par jour et les secours d'un médecin quand ils sont malades. Le Havre possède une société de marins qui versent cinq francs par mois de navigation ou d'emploi actif pour recevoir vingt sous par jour de chômage forcé. La communauté Morave ne diffère de celles que je viens de citer que parce qu'elle s'étend à un plus grand nombre d'objets.

Les *Owenistes* qui se sont établis dans le nord de l'Amérique n'ont fondé non plus qu'une communauté partiaire plus complète que la communauté morave et par cela même moins durable. Les faits prouvent cette assertion. Les *Harmonistes purs* n'ont pu se soutenir pendant plus de quatre ou cinq années, ils se sont modifiés et continuent leur évolution modificatrice dans le sens de l'antagonisme, où ils finiront par tomber et où les pousse l'égoïsme individuel. Cet égoïsme est trop puissant et parle trop haut pour qu'il puisse s'offrir pendant long-temps en holocauste; on a beau lui prêcher que chacun lui offre un sacrifice compensateur, il croit toujours que ce qu'il donne est supérieur à ce qu'il reçoit : aussi tend-il à donner le moins qu'il peut, et finit par ne rien donner que la faveur d'accepter le sacrifice des autres. Cette maladie, ou plutôt cette manie, ayant sa cause dans le cœur de chacun, finit par les gagner tous : alors la communauté est détruite. D'où il faut conclure que la communauté, bonne jusqu'à un certain point pour fonder, est impuissante à maintenir par la raison qu'elle est contre nature.

Elle est contre nature, parce que chacun, en consentant à s'aider des forces d'autrui et à aider les autres des siennes, veut conserver exclusivement et intégralement tout ce qu'elles ont produit. La société, quel que soit le nombre des membres dont elle se compose, n'a pas le droit d'exiger que l'un d'eux fasse le moindre sacrifice de jouissances ou de peines à aucun des autres. En condamnant l'homme au travail, qui est une peine, la nature a voulu qu'elle produisît une satisfaction ou le moyen de la satisfaction d'un besoin ou d'une jouissance. Chacun comprend très-bien qu'en le privant d'une portion quelconque de son travail, ou en l'obligeant de donner une portion quelconque de ce travail même, on lui ravit une portion de sa liberté, et par suite une partie équivalente de son être : c'est la peine de mort appliquée momentanément à sa personne. Or, les plus sages des hommes ont enfin reconnu que la société n'avait pas le droit de disposer de la vie de qui que ce fût, pas même de ceux qui avaient encouru ce châtiment en violant ses lois : car il en est, disent-ils, que la société n'a pas le droit de faire. J'admets d'autant plus volontiers ce principe, que je suis convaincu que c'est la société qui a créé les causes de culpabilité qu'elle envoie au supplice, et qu'en détruisant ces causes elle n'aurait pas à punir leurs criminels effets.

Toutefois, le système communautaire, quelque partiel qu'il soit, a cela de bon, qu'il détruit toujours un nombre corrélatif de ces causes ; et, par exemple, on a remarqué que la communauté des biens détruisait la cause du vol, et par conséquent tout ce qui lui est inhérent ; de même qu'on a remarqué que la communauté des idées religieuses faisait disparaître la cause du sacrilège, et par conséquent les châtimens destinés à les prévenir. Le système communautaire est donc une amélioration apportée au système antagoniste; mais ce n'est pas encore le véritable système qui doit combler l'homme de bonheur, en lui permettant le libre essor de tous les moyens dont il a été doté : c'est un phare placé sur un promontoire pour indiquer le port aux navigateurs arrivés près des côtes; mais ce n'est pas le port.

On voit, d'après ce peu de mots, que l'état communautaire est déjà beaucoup moins sombre que l'état antagoniste. Les nuages qui couvrent encore le ciel se déchirent, et laissent déjà apercevoir l'astre vivificateur ; quelques efforts encore, et ces nuages en lambeaux seront complètement dissipés : le ciel se montrera pur, et la terre, sous sa bienfaisante influence, couverte de nouvelles fleurs, n'offrira plus aux hommes que des fruits sans amertume et des plaisirs sans regrets.

CHAPITRE CINQUIÈME.

V.

Du système économique *dit* Social.

J'ENTENDS par système économique social celui qui prend les hommes, les femmes et les enfans tels qu'ils sont, avec ce qu'ils ont et ce qu'ils savent, et qui, les considérant sous le triple rapport d'êtres intelligens, de capitalistes et de travailleurs,

leur accorde une part, dans les produits, équivalente à leur triple coopération. Ce système est celui de l'association intégrale, différent de celui de
l'association partiaire, sous le rapport de la masse
d'intérêts qu'il comprend. L'association partiaire,
en effet, ne réunit le plus souvent les capitaux entre eux que pour les appliquer à l'exploitation du
travail, et que pour s'en approprier la plus grande
part des produits. Je ne connais pas encore d'établissement où les capitaux et le travail, et encore
moins l'intelligence, soient associés pour produire
en commun. Il est vrai que tout ne peut pas
venir à la fois : à aucune époque on n'a pu jeter
les institutions sociales au moule et les produire
tout d'une pièce. On dirait, si on peut se servir de ce langage, qu'on ne peut les former que
pièce à pièce; ainsi la constitution anglaise, si
complète aujourd'hui, ne s'est formée que par
lambaux. Ainsi l'association intégrale commence
par associer une nature d'intérêts pour finir par
les réunir tous.

Je viens de dire que le système social considérait tous ses membres sous le triple rapport d'êtres
intelligens, de capitalistes et de travailleurs; donc
ce système ne reconnaît que des intérêts intellectuels, des intérêts personnels et des intérêts ma-

tériels. C'est en effet sous ces trois dénominations que se groupent les intérêts si divergens , si compliqués et si nombreux, qu'enfantent les besoins humains. Tout l'art consiste à les grouper et à les associer d'une manière équitable, soit dans la production générale, soit dans la consommation individuelle.

L'association des intérêts matériels offre peu de difficultés. Il suffit de déterminer les valeurs respectives des capitaux, et de les porter à l'avoir de leurs propriétaires.

L'association des intérêts personnels offrirait quelques difficultés sérieuses , s'il fallait déterminer de prime-abord la valeur de chaque individu. En effet, cette valeur est sujette à mille variations; l'âge et la santé la modifient journellement, mais elle peut se déterminer *à fortiori* d'une manière mathématique par les produits de chacun. Ainsi, soient ces produits égaux à la somme de trois francs par jour, et soient ces trois francs la représentation d'un intérêt à cinq pour cent du capital qui les aura produits, ce capital sera égal à la somme de soixante francs par jour , ou de vingt-un mille neuf cents francs par an. La difficulté que rencontrera l'association des intérêts personnels consistera donc à attendre les produits de chacun et à les évaluer avec justice et impartialité, pour l'apporter à l'avoir de chaque producteur.

L'association des intérêts intellectuels est la plus difficile et aussi la plus délicate. On ne pourrait la surmonter que par la création d'un jury estimateur, dont les membres devraient être nécessairement désignés par la masse totale des associés. Le jury aurait pour fonctions spéciales et uniques de déterminer la valeur instrinsèque de chaque découverte et la rémunération équivalente à lui attribuer dans le partage des produits. Si cette évaluation est bien faite, elle satisfera complètement les intérêts intellectuels autant qu'ils auront une base matérielle.

Mais il est une autre classe d'intérêts intellectuels, dont l'association demande des choses infinies et profondément méditées : je veux dire les intérêts religieux et moraux. Inappréciables par leur nature, ils restent tout-à-fait hors du domaine des investigations sociétaires. Dès lors il faut se résoudre à les abandonner à eux-mêmes et les couvrir de la tolérance la plus parfaite. Toutefois cette tolérance ne devra pas être passive comme elle l'est généralement de sa nature. L'association doit lui donner un principe d'activité, l'animer de son esprit et la douer de sa parole. L'apostolat qui lui sera confié doit être exercé avec d'autant plus d'énergie, de faveur et de zèle, que de ses succès dépendra non seulement la paix et la prospérité de l'association en particulier, mais aussi le bonheur du monde. Il faut le dire souvent, toujours même : Il n'y aura de bonheur possible pour les masses, comme pour les individus, que par l'association des intérêts intellectuels, religieux et moraux. C'est par elle seulement que l'on parviendra à réunir au même giron les croyances diverses des hommes. Avant de faire travailler un Chrétien, un Mahométan et un Hébreu, il faut mettre d'accord Jésus, Mahomet et Moïse. Jusque-là on ne saurait se promettre aucun résultat important. On aurait associé tous les individus ayant la même croyance, mais les croyances diverses resteraient divisées ; le bonheur du genre humain n'aurait fait qu'un pas.

Au reste, tout n'est pas à faire dans ce sens. Toutes les croyances ont Dieu pour point de départ : beaucoup d'entre eux admettent l'immortalité de l'ame et la rémunération des œuvres. Et toutes sont d'accord sur la nécessité de ne pas faire à autrui le mal qu'on ne voudrait pas re cevoir. C'est de ces points que l'apostolat social doit partir : la route étant jalonnée, il pourra facilement parvenir à son but.

Tels sont les principaux obstacles qu'aurait à vaincre l'établissement d'une *monade* sociale. Si le gouvernement français se décidait à en tenter un essai en Afrique, il lui suffirait donc de désigner une étendue de terrain assez accidenté pour permettre l'emploi de toutes les cultures, et assez considérable pour admettre le développement du plus grand nombre des arts et des sciences, et d'en déterminer la valeur. Il affecterait ensuite une somme suffisante pour faire face à toutes les premières dépenses que nécessiteraient la réunion et le transport des familles, les frais quelconques de premier établissement et d'administration. Ce capital numéraire pourrait être formé au moyen de centimes additionnels remboursables par les bénéfices et applicables, après remboursement, à la diminution du principal de l'impôt. Ce mode établirait un lien d'association entre les colons et leurs frères de la métropole, et serait une pierre d'attente pour l'association d'autres intérêts.

Il est inutile de dire que la portion des bénéfices attribuée au capital matériel territorial et numisma-

tique devrait tenir lieu d'impôt et d'intérêt ordi—
naire, et que, moyennant cette attribution, la colonie serait tout-à-fait exemptée de tribut..

Je n'entrerai pas dans les détails administratifs de
la monade sociale : seulement je me bornerai à dire
que son administration, sous le rapport politique,
devra être calquée sur celle de la commune, et que,
sous les rapports économiques, le maire ou *monadon*
serait chargé des achats, des ventes, des échanges,
d'après les conditions qui auraient été déterminées
par le conseil, et que les deux adjoints du maire
seraient chargés de régir, l'un le personnel, l'autre
le matériel de la monade ; un caissier recevrait et
répartirait les fonds et les bénéfices aux divers
groupes d'intérêts, sur des états approuvés par le
conseil.

Les membres de ce conseil seraient nécessairement élus pour représenter et défendre des intérêts
divers, et les élections seraient libres et dégagées
de toute entrave de cens, et dévolues à un certain
âge, à partir duquel on serait également éligible.
Ce conseil rédigerait les règlemens d'instruction
publique, et cette instruction commencerait dès
l'âge le plus tendre et aussitôt après la manifesta-
tion des aptitudes artistiques, par l'inscription de

l'enfant parmi les membres d'un groupe travailleur qui serait tenu de rémunérer son travail. Ainsi l'enfant commencerait à subvenir à ses besoins dès sa plus tendre jeunesse, et emploierait à son profit cette ardente activité qu'il dépense en pure perte.

Une petite partie des bénéfices de chacun serait massée de manière à fournir et à assurer des moyens d'existence à la vieillesse et aux invalides, et à empêcher que ceux qui auraient employé tous les jours de leur vie à créer des moyens d'existence et de plaisirs ne traînassent leurs derniers momens dans la misère et les privations. Ces exemples d'indifférence et de dureté de la société actuelle envers ceux qui l'ont nourrie, délassée et réjouie, ne doivent pas se reproduire dans un établissement nouveau.

Telles sont les indications que j'ai promises : si la colonisation d'Alger les adopte, elle entraînera à elle les Arabes qui la repoussent et les Européens qui la dédaignent ; l'exemple du bonheur dont elle jouira est le plus puissant argument qu'elle puisse offrir à leur imitation.

Je ne terminerai cependant pas cet opuscule sans dire deux mots sur la sanction qui lui est nécessaire. L'établissement antagoniste qui régit le monde se sanctionne lui-même par les codes plus ou moins barbares et plus ou moins atroces qu'il s'est forgés. Quiconque attente aux prérogatives qu'il s'est conférées subit une peine proportionnée à son délit, mais toujours hors de proportion avec la réparation nécessaire, et tout-à-fait contraire au but qu'il veut atteindre, car depuis six mille ans qu'il sévit, ce but n'est pas encore atteint. S'il paraît s'être adouci, si l'atrocité a disparu des supplices, si les supplices eux-mêmes sont devenus rares, ce n'est pas à son humanité qu'il faut l'attribuer, mais au bien-être produit par l'association naissante. Quant à lui, il est resté barbare et inhumain comme au premier jour de sa naissance; et la preuve c'est qu'au moindre évènement grave qui surgit, à la moindre atteinte imprévue qu'on lui porte, son organe suprême, après avoir établi l'énormité du fait, réclame toujours la tête des coupables. Je le repète, l'antagonisme est resté cruel et doit porter seul le poids de l'exécration que sa cruauté mérite; de même qu'il faut faire honneur à l'association de tous les adoucissemens que la pénalité a éprouvés.

Il est dans ma conviction que l'application intégrale du système économique social à la colonisation d'Alger doit faire disparaître la presque totalité des crimes que l'antagonisme enfante, et que dès lors toute sanction pénale est inutile. Mais en réfléchissant que cette colonisation ne peut s'établir qu'avec des hommes radicalement antagonistes et par conséquent façonnés à l'antagonisme de tout point, je crois qu'il est convenable que la colonie soit protégée par une pénalité amendatrice telle que l'institue le système pénitentiaire récemment adopté par les Etats-Unis du nord de l'Amérique, avec toutes les améliorations que l'on y a faites depuis. Ce système est trop connu pour que j'en présente ici même une esquisse succincte. Je dirai seulement qu'il corrige l'homme de ses vices organiques ou factices, et que, de nuisible qu'il était, il le rend utile à la société. Toutefois je remarquerai qu'il ne produit ce bienfait qu'en créant des moyens de travail, et, par eux, des moyens d'existence en faveur de ceux que la privation de ces moyens avait rendus coupables. Or, les moyens d'existence, le mode social les assure à tous dès leur naissance jusqu'à leur mort; donc, il ne détruit pas seulement les crimes, mais il les empêche de naître; donc encore, à l'avenir le système pénitentiaire, même le plus adouci, sera complètement inutile : là où les causes nuisibles ont cessé d'agir, il n'y a pas d'effets répréhensibles à punir. Si l'antagonisme avait procédé de cette manière, c'est-à-dire, s'il avait commencé par anéantir dans leur germe les causes dont il punit les résultats d'une manière si effrayamment prodigue, il y a long-temps qu'on ne verrait plus ni prisons ni échafauds.

Je me résume, et je dis que la tranquillité et le bonheur à venir de la France, et jusqu'à un certain point de l'Europe, réclament impérieusement la conservation de la conquête de la régence d'Alger.

Je propose de coloniser la régence en mode économique social, parce que je crois que ce mode renferme tous les moyens de progrès paisibles.

J'ajoute que l'application de ce système doit être fait avec toutes les précautions imaginables et avec la prudence la plus consommée; si l'essai réussit, le genre humain aura trouvé une issue à l'antagonisme qui le divise et l'opprime, et la France aura la gloire impérissable d'avoir fondé la société nouvelle avec ses enfans, ses trésors, son sang et ses lumières. S'il échoue, il lui restera l'honneur de l'avoir tenté, et le genre humain cherchera une autre voie de salut.

Un attrait irrésistible attire l'homme au bien-être; cet attrait domine toutes les actions, au point

de lui en faire commettre de répréhensibles avec
la certitude que ces actions ne le conduiront pas à
un résultat heureux. Cette tendance constante fait
conclure que la destinée de l'homme c'est le bonheur. Quel que soit le point d'où il est parti et quels
que soient les obstacles dont sa route est encom-
brée, l'homme y parviendra.

DOCUMENS OFFICIELS

RELATIFS A L'ÉVÉNEMENT

DE CONSTANTINE.

DOCUMENS OFFICIELS.

L'opinion que nous avons manifestée sur la conduite de M. le Maréchal sous les murs de Constantine, demandait à être confirmée par des documens authentiques. On verra par les lignes qui suivent, et qui ont pour auteurs des officiers du génie et de l'artillerie qui ont fait partie de l'expédition, quel degré d'estime et quelle haute considération l'armée expéditionnaire professe pour son chef, et combien elle est éloignée de le rendre responsable de ce malheureux événement : c'est un officier d'artillerie qui parle.

Jour de départ, dimanche 13 novembre.

« Nous sommes partis par un beau temps, à sept heures du matin. Nous sommes arrivés à midi en nous promenant, au camp de Dréan, où nous avons déjeuné. Le général de Rigny avait été envoyé depuis trois jours, avec l'avant-garde, à Guelma où, disait-on, les tribus nous fourniraient des mulets en abondance. En effet, quelques uns étaient venus, mais en bien petit nombre. Le colonel Tournemine, commandant l'artillerie, n'avait pas compté sur eux, fort heureusement, et avait organisé son service de manière à s'en passer le plus possible. Cependant ce défaut de transports nous força déjà à laisser quelques munitions au camp. Quant à l'intendance et au génie, tous leurs préparatifs n'étaient pas tout-à-fait terminés. Le maréchal, en leur laissant l'ordre de rejoindre sur une route tout-à-fait amie, nous fit remettre en marche; et nous arrivâmes le soir à sept heures, à trois lieues au-delà du camp de Dréan, à un ruisseau nommé Mouillé-Barda, où nous établîmes nos bivouacs. A peine notre tente dressée, un orage épouvantable éclata; et toute la nuit, sans discontinuer, ce fut une pluie affreuse qui fit bien du mal à nos hommes et à nos chevaux. C'était un cruel début pour la troupe; d'autant plus que nos pièces et nos voitures étaient chargées d'un approvisionnement de fourrage pour six jours, qui fut réduit au moins de moitié par la pluie.

La nuit se passa. Nous n'avions pas souffert per-
sonnellement, ayant une bonne tente en toile
goudronnée qui ne fut percée que le matin. A
ce moment, nous y reçûmes la visite du bon
duc de Caraman, le père du général, qui, malgré ses soixante-quatorze ans, a fait toute la
campagne et supporté toutes les fatigues avec
une fermeté inconcevable. Le duc de Mortemart,
M. de Sainte-Aldegonde, M. Baude, M. de
Chasseloup, maître des requêtes, M. de Morny,
venaient aussi nous voir souvent. Vous voyez
que nous étions en bonne compagnie.

Lundi 14.

» La pluie nous a empêchés de partir avant
dix heures, le maréchal voulant laisser un peu
asseoir le terrain pour le passage des voitures
qui avaient à gravir une côte rapide. Vraiment,
dans ce pays, on ne peut faire campagne, surtout avec des voitures (et comment s'en passer?),
que *pendant la belle saison*. La journée fut courte.
Nous nous arrêtâmes à Mouëlfa, le mauvais temps
ne nous ayant pas permis de pousser plus loin.

Journée sans intérêt : atteler et dételer pour doubler et souvent tripler les attelages et gravir les côtes, voilà tout.

Mardi 15.

» Le beau temps revient ; nous arrivons à Guelma, après avoir traversé des eaux thermales salées et tièdes, où on trouve une construction romaine remarquable. La route offre peu d'intérêt ; le pays est un peu boisé et assez montagneux ; mais Guelma est un point à part. La Seybouse, grossie par les pluies, ne permettait pas aux hommes de la traverser ; le bivouac fut établi de ce côté-ci, sur la rive gauche. Aussitôt notre parc fermé, le colonel Tournemine nous emmena avec lui pour visiter les ruines. Nous traversâmes la Seybouse avec nos chevaux qui avaient de l'eau jusqu'au ventre, et nous fûmes en un quart d'heure au milieu des ruines d'une ville romaine immense ; toutes les pierres sont là, il n'y aurait qu'à les réunir ; un cirque d'une étendue considérable subsiste encore en grande partie ; débris de colonnes, inscriptions de toute espèce : il y avait là de la pâture pour les archéologues et les dessinateurs.

Le général de Rigny et le général Trézel étaient établis là depuis quelques jours ; mais la fièvre leur avait abattu bien des hommes, et il [était temps de partir, d'autant que les promesses prétendues faites à Youssouf-Bey se réalisaient peu ; pas de vivres, peu de mulets. Nous retournâmes au camp. L'intendance et le génie n'étaient pas encore arrivés ; pas de viande pour le soldat.

» C'est ce jour-là que M. le duc de Nemours commença à souffrir d'une angine ; et le lendemain, il fut obligé de voyager dans la voiture du maréchal. Le général Colbert, aide-de-camp de S. A. R., commençait aussi à être un peu souffrant. Cependant le temps se soutenait.

Mercredi 16.

» Nous partons de Guelma, frais et rasés, ce qui est un bonheur en campagne. Petite journée sans fatigue. Nous sommes obligés de nous arrêter à une heure sur la rive de la Seybouse, que nous avons côtoyée toute la journée. Nous trouvons une vallée délicieuse, plantés d'oliviers qui donnent des feux de bivouac admirables. Il faut s'arrêter, afin que le génie qui nous a rejoints avec l'intendance, fasse une rampe commode aux voitures pour le passage du ruisseau. Pendant ce temps-là, le colonel Tournemine jette un petit pont de chevalets qui doit servir le lendemain au passage de l'infanterie. Pas encore un coup de fusil !

Jeudi 17.

» Passage de la Seybouse, sans encombre. Le pauvre Sannegon, déjà très malade, est dans la voiture du maréchal avec le prince, toujours souffrant. Route pénible pour les voitures. Les chevaux commencent à manquer de fourrage ; ils marchent mal. Nous arrivons le soir au pied de Ras-el-Akba, montagne ou plutôt série de montagnes à gravir.

Vendredi 18.

» Le génie travaille devant nous pour frayer le passage à nos voitures, qui arrivent enfin le soir au sommet d'où l'on voit la montagne qui domine Constantine. Toujours beau temps et pas d'ennemis.

Samedi 19.

Nous commençons à descendre vers Constantine et nous bivouaquons à la rivière nommée Zénat.

Dimanche 20.

» Journée fatigante et longue, au bout de laquelle nous pensions arriver à Constantine ; mais nous en sommes encore à trois lieues. Nous en avons aperçu les hauts minarets avant de nous coucher. Nous avons eu dans la journée une cinquantaine de coups de fusil tirés à distance. On ne sait aucune nouvelle de Constantine. Tout cela paraît singulier.

» Il a plu toute la nuit ; nous partons avec la pluie ; nous traversons avec beaucoup de peine un ruisseau débordé , où nos pauvres chevaux ont un mal terrible. Il y a encore quelques passages à faire par le génie pour les voitures. Il vient quelques rayons de soleil. Nous partons en avant avec le maréchal et M. le duc de Nemours, qui est tout-à-fait rétabli et montre beaucoup d'ardeur. Nous allons donc enfin voir Constantine ! A midi, apres avoir gravi des mamelons successifs qui nous cachent toujours la ville, nous arrivons enfin à une dernière crète qui domine toutes les autres ; et alors se découvre à nous un spectacle inattendu et vraiment magnifique. Une ville immense dont nous pouvons compter toutes les maisons ; toutes ces maisons bien entretenues, recouvertes de toits à l'européenne, à deux et trois étages, présentent une teinte jaunâtre ; l'aspect de Tolède pour ceux qui l'ont vue ; ville plus grande et plus belle qu'Alger , dominée de toutes parts , mais entourée d'une fortification naturelle effrayante. Un roc vertical de 80 à 100 mètres (environ 300 pieds) de profondeur, un fossé de

30 mètres de largeur, au fond duquel coule les flots de la Reumel qui entoure de la ville ; du côté par où nous arrivions, un pont en pierres appuyé à ce roc ; sur notre gauche , une autre porte que nous apercevions obliquement : voilà les seules issues par lesquelles on peut entrer dans cette ville où règne un silence effrayant ; on ne voit personne dans les rues.

» Nos pièces n'étant pas encore arrivées, on tire sur la ville avec deux ou trois obus des pièces de montagne qui marchent toujours avec l'avant-garde. On nous répond par deux coups de canon de siége qui battent avec force le rocher au-dessous de nous. Puis une neige glaciale commence à tomber avec la pluie ; et , en attendant l'arrivée de nos pièces, nous nous mettons à l'abri , avec le maréchal et le prince , dans des grottes naturelles percées dans le rocher.

» Rien de nouveau jusqu'au soir ; les pièces n'arrivent pas à cause du mauvais temps qui devient de plus en plus affreux. Sur la gauche , le général de Rigny prend position avec son avant-garde , et a une espèce de succès sur quelques Arabes insignifians.

» La pluie, la neige, continuent à tomber avec abondance ; mais nos pièces sont arrivées, et dès le point du jour nous les avons mises en batterie. Le maréchal et M. le duc de Nemours viennent voir ouvrir le feu. Nous battons en brèche la porte du pont ; tous nos coups portent ; mais nous n'avons que des pièces de huit : il faudra du temps..... Enfin le soir, à quatre heures, nous avons enfoncé deux portes en bois, jeté à bas le frontal de la porte principale, et on voit un peu de jour dans la rue. C'était peut-être le moment de donner un assaut de vive force et d'entrer ; le colonel du génie, consulté, proposa de remettre la chose à la nuit.

» Enfin, le soir, le temps se calme un peu, et nous nous reposons tranquillement sous notre tente, attendant le résultat de l'assaut qui devait être enlevé par cinq compagnies d'élite. Mais, je ne sais par quelle fatalité, à trois ou quatre heures du matin, on traversa le pont sans être vu par l'ennemi ; on reconnut la position, et, la reconnaissance faite , on ajourna au lendemain. Il est vrai qu'il y avait encore une porte à enfoncer , qu'on manquait de poudre , et autres raisons , probablement très-bonnes , que je ne connais pas.

Mercredi 23.

» Beau temps. Le maréchal nous ordonne de continuer à tirer , et d'abattre les maisons de droite et de gauche de la porte , pour faciliter l'assaut qui est définitivement remis au soir. Dans la batterie , on nous tirait des boulets qui passaient généralement au-dessus de nos têtes ; il n'y a eu qu'un cheval tué ; pas un homme ; beaucoup de balles mortes qui n'ont fait de mal à personne.

» Le soir , temps superbe pour cet assaut qui devait être répété à la gauche par le général de Rigny. Mais ce soir là , l'ennemi était prévenu. Pendant que nous tirions sur la place pour faciliter le passage du pont aux nôtres , on leur tirait tant de coups de fusil des alentours de la porte , que le passage fut véritablement impossible ; il manqua également à la gauche.

» A quatre heures du matin , le maréchal et le prince arrivèrent; et comme les vivres pour la troupe commençaient à manquer d'une manière effrayante , comme on avait perdu beaucoup de monde à ces essais d'attaque de vive force , le maréchal décida la retraite qui commença à huit heures du matin , le jeudi 24 , et fut assez pénible pendant les deux ou trois premiers jours, les troupes fatiguées et mal nourries , étant obligées de marcher en flanqueurs et en tirailleurs. Mais il n'y a qu'une voix pour rendre justice au maréchal sur la manière supérieure dont il a dirigé cette retraite devenue nécessaire , et qui pouvait être si difficile et si désastreuse en d'autres mains. Nous sommes revenus en sept jours par le même chemin.

» J'abrége le récit de cette dernière période de notre campagne , dont les détails abonderont ailleurs. Nous voici à Bone reposés , mais peu satisfaits , quoique l'armée ait montré un courage et une constance admirables. Mais la saison a été plus forte qu'elle. Peut-être aussi l'*insuffisance des moyens* , l'ignorance où l'on était des ressources , de la richesse et surtout de la forte position de la ville que nous allions attaquer , enfin la confiance des Français dans un bey *in partibus* qui n'a pas complètement répondu à notre attente, ont-elles contribué à faire avorter notre expédition.

» Mais j'ai vu Constantine ! C'est le plus magnifique panorama que j'aie vu de ma vie ! Il est inconcevable qu'il existe une si belle ville, à quarante lieues de la côte, au milieu du désert. Nous y reviendrons, je l'espère ; c'est là, je vous l'assure, une conquête qui vaut bien qu'on s'y prenne à deux fois pour l'accomplir.

» Je ne finirai pas sans vous dire qu'on a paru très-content de l'artillerie dans cette expédition ; notre colonel a vraiment déployé une activité et un zèle admirables. Nous avons ramené toutes nos pièces et toutes nos voitures.

» Les renseignemens les plus exacts que nous ayons pu nous procurer jusqu'ici ne portent pas à plus de 8 ou 900 le nombre des hommes mis hors de combat : malheureusement l'armée a été souvent obligée d'abandonner ses blessés, faute de moyens de transport, au milieu de la neige et des boues qui couvraient la terre. Des Arabes ont pillé plusieurs convois. Nos troupes n'ont pris que des vivres qui avaient été abandonnés dans les voitures laissées sur la route.

A l'attaque de la place, le 22 novembre, nos soldats impatiens d'enlever par la force les vivres qui leur manquaient, agissaient avec une vigueur incroyable, malgré les fatigues et les privations sans nombre auxquelles ils étaient exposés depuis si long-temps. Mais au moment où ils allaient pénétrer dans Constantine, une partie de nos troupes étant déjà logés sur les murailles, les Kabyles se précipitèrent sur eux par masses serrées, faisant un feu de mousqueterie bien nourri. Alors l'armée fut obligée de se retirer. Il paraît aussi que la clarté des nuits passées devant les murs assiégés a gêné les mouvemens et les travaux du génie. Chaque fois que nos travailleurs s'approchaient de la place, ils étaient aperçus par les Arabes postés sur les ouvrages de défense; et ceux-ci, assistés d'une horde innombrable de femmes et d'enfans, poussaient des hurlemens affreux qu'ils accompagnaient de coups de fusil, et rendaient ainsi impossibles les surprises sur lesquelles nous avions compté pour démanteler la place. »

Rapport à M. le Ministre de la guerre par le Maréchal Clausel.

Bone, 1" décembre 1836.

« J'ai eu l'honneur de vous faire connaître, avant le départ de l'expédition, combien j'avais eu de peine à réunir à Bone les troupes et le matériel que les vents contraires et les tempêtes avaient dispersés dans toutes les directions. Tandis que les soldats embarqués ainsi pendant long-temps souffraient beaucoup à bord , des pluies abondantes tombaient à Bone ; et les différens corps, à mesure qu'ils arrivaient, ne pouvant se refaire des fatigues de la mer, je laissai dans les hôpitaux près de 2,000 hommes, sur 7,000 hommes d'infanterie que j'étais parvenu à réunir.

« Le temps s'étant remis au beau le 10 novembre, je quittai Bone le 13 , et me mis en marche sur Constantine avec 7,000 hommes de toutes armes.

» L'armée avait à peine établi son premier bivouac à Bou-Afra , qu'une pluie des plus abondantes vint nous assaillir ; et le ruisseau sur le bord duquel nous étions campés étant promptement devenu un torrent , je ne pus le faire passer aux troupes qui se trouvaient en deçà de cet obstacle que le 14 à midi. A cette heure , le soleil ayant reparu, nous fûmes camper à Mouhelfa ; et le 15, après avoir passé , non sans les plus grandes difficulté pour les bagages, le col de Mouara, nous arrivâmes à Guelma, et je fis camper l'armée sur la rive gauche de la Seybouse.

» Il reste à Guelma de nombreuses ruines de constructions romaines, et notamment l'enceinte de l'ancienne citadelle est assez bien conservée pour permettre d'y établir en toute sûreté, contre les Arabes, un poste militaire. Je profitai de cette facilité pour y laisser, sous une garde convenable, environ 200 hommes que la route que nous avions parcourue avait déjà fatigués, et qui n'auraient pu suivre jusqu'à Constantine.

» Le temps continuait à être favorable; nous reprîmes notre route le 16, au point du jour, et nous nous arrêtâmes de bonne heure à Medjaz-Amar, où, pour traverser la Seybouse, nous rencontrâmes encore de grandes difficultés. Les rives étant très-escarpées, les troupes du génie passèrent la nuit à établir les rampes et à débarrasser le gué encombré de pierres énormes.

» Le 17, je fis effectuer le passage, qui dura très-long-temps, et nous atteignîmes, sur les quatre heures après-midi, la fameuse montée *de la* 10e, au haut de laquelle on passe le col de Raz-el-Akba, nommé par les Arabes *Coupe-Gorge.*

» Une foule de ruines que l'on rencontre sur tous les mamelons, atteste que les Romains avaient construit de demi-lieue en demi-lieue des tours et des forts pour rester entièrement maîtres de ce point militaire. Une partie de ces ruines donne également à supposer que beaucoup de grands personnages de Rome avaient construit de vastes et beaux palais dans ce pays si pittoresque.

» Ce passage avait toujours été signalé comme si difficile, que les Arabes étaient convaincus que je ne pourrais le franchir avec le matériel de l'armée. Je fis reconnaître la montagne et les gorges par plusieurs officiers ; je restai moi-même à cheval pendant six heures, pour me rendre compte des nombreuses difficultés qui se présentaient ; et tandis que l'armée passait la nuit au pied de la montagne, à Akbet-el-Achari, les troupes du génie, aidées de nombreux travailleurs, entreprirent le tracé d'une route qui fut parfaitement dirigée, et par laquelle tout mon convoi parvint le 18, à six heures du soir, au col, qui fut ainsi franchi sans perte d'aucune partie du matériel de l'armée.

» Ce même jour, 18 novembre, les troupes campèrent chez les Ouled-Zenati, une lieue au-delà du Raz-el-Akba.

» Jusque-là, tandis que le temps nous était favorable, nous marchions au milieu d'une population amie et pacifique; les Arabes labouraient leurs champs, et les troupeaux nombreux autour de nous, se trouvaient quelquefois sur le chemin même que nous parcourions. Nous n'étions plus qu'à deux marches de Constantine.

» Le 19, nous campâmes à Raz-Oed-Zenati, et ce fut là que commencèrent pour l'armée des souffrances inouïes et les mécomptes les plus cruels.

» Nous étions parvenus dans des régions très-élevées; pendant la nuit, la pluie, la neige et la grêle tombèrent avec tant d'abondance et de continuité, que nous fûmes exposés à toutes les rigueurs d'un hiver de Saint-Pétersbourg, en même temps que les terres, entièrement défoncées, représentaient aux vieux officiers les boues de Varsovie.

» Nous apercevions Constantine, et déjà nous désespérions d'arriver jusque sous ses murs.

» Nous nous mîmes toutefois en marche le 20, et l'armée parvint, à l'exception des bagages et d'une arrière-garde, au *Monument* de Constantine, où l'on fut obligé de s'arrêter.

» Le froid devint excessif; beaucoup d'hommes eurent les pieds gelés, beaucoup d'autres périrent pendant la nuit ; car depuis le Raz-el-Akba on ne trouve plus de bois.

» Enfin les bagages, sur lesquels on doublait et triplait les attelages nous ayant ralliés, nous franchîmes, le 21, le Bon-Mezroug, l'un des affluens de l'Oued-Rammel. Grossie par les torrens, cette rivière avait beaucoup débordé, les hommes avaient l'eau jusqu'à la ceinture, et plusieurs auraient péri sans le dévouement des cavaliers qui couraient eux-mêmes de grands dangers en cherchant à les sauver. Plusieurs chevaux de transport furent noyés dans cette circonstance difficile : mais enfin l'armée entière atteignit l'autre bord, et quelques heures après nous prenions position sous les murs de Constantine. Les bagages de l'administration étaient toutefois restés à une demi-lieue en arrière enfoncée dans la boue, et faisaient tous les efforts possible pour rejoindre l'armée.

» La position de Constantine est admirable; et sur tous les points, à l'exception d'un seul, elle est

défendue merveilleusement par la nature même.
Un ravin de 60 mètres de largeur, d'une immense
profondeur, et au fond duquel coule l'Oued–Ram-
mel, présente, pour escarpe et contrescarpe, un
roc taillé à pic, inattaquable par la mine comme
par le boulet. Le plateau de Mansoura communi-
que avec la ville par un pont très-étroit aboutis-
sant à une double porte très-forte et bien défendue
par les feux de mousqueterie des maisons et des
jardins qui l'environnent.

» Dans les circonstances où nous nous trouvions,
je n'avais pas le loisir d'investir convenablement la
place, devant laquelle j'occupais, avec les troupes
du général Trézel, le plateau de Mansoura. J'avais
dirigé la brigade d'avant–garde sur les mamelons
de Koudiat–Ati, avec l'ordre de s'en emparer; d'occuper les marabouts et les cimetières, en face de
la porte Er–Rahba, et de la bloquer immédiatement.

» Il était facile au premier coup d'œil de reconnaître que c'était sur ce point que la ville devait être attaquée ; mais il était aussi de toute im-
possibilité d'y conduire l'artillerie de campagne,
qui, déjà sur le plateau de Mansoura, s'enfonçait en
place jusqu'aux moyeux des roues. Le colonel

Tournemine ne put parvenir à faire porter sur l'autre position deux pièces de 8.

» C'est alors que commencèrent les hostilités : elles nous furent annoncées par deux coups de canons de 24 pointés contre nos pièces, et par le drapeau rouge des Arabes arboré sur la principale batterie de la place.

» Le bey Achmet avait craint de s enfermer dans Constantine. Il en avait confié la défense à son lieutenant Ben–Haïssa ; et comme il ne pouvait compter sur les habitans, il avait introduit dans la ville une garnison de 12 à 1,500 Turcs et Kabyles, bien déterminés à la défendre.

» La brigade d'avant-garde, après avoir traversé l'Oued-Rammel, se porta sur les hauteurs, qui, défendues par les Kabyles sortis en grand nombre de la place, furent successivement et bravement enlevées par nos troupes. Elles s'y établirent sous le canon des Arabes, tandis que, de mon côté, je disposais mon artillerie, dont je fis diriger le feu contre la porte d'El–Cantara pendant toute la journée du 22. Durant toute cette journée aussi la brigade d'avant-garde soutint un combat brillant contre les Arabes réunis à l'infanterie turque, sortie par celle des portes que nous ne pouvions bloquer, puisque nous n'avions plus 3,000 hommes sous les armes.

» J'envoyai des chevaux de renfort aux prolonges de l'administration qui, malgré cela, ne purent être tirées des bourbiers dans lesquels elles se trouvaient enfoncées. M. l'intendant militaire m'ayant alors proposé de faire partir des mulets pour aller prendre le chargement de ces voitures, j'ordonnai cette disposition; mais elle ne put avoir son effet; car, au moment même où le convoi partait, sous l'escorte d'un demi-bataillon, on apprit qu'une partie du 62° régiment qui accompagnait et défendait les prolonges, voyant qu'elles ne pouvaient être emmenées, et malgré les efforts du colonel, avait pillé les vivres, défoncé les tonneaux de vin et d'eau-de-vie, et venait ainsi de nous priver d'une partie de nos ressources.

» Le temps continuait à être affreux. La neige tombait à gros flocons; le froid était excessif.

» Il me fallait essayer d'enlever la place de vive force, et si je ne réussissais pas, ne pas attendre davantage pour ramener l'armée.

» La première porte que l'artillerie avait battue

était enfoncée; et si le génie parvenait à faire sauter la seconde, on pouvait espérer de pénétrer dans
la ville.

» J'ordonnai des dispositions pour le logement
des sapeurs et des compagnies qui devaient les
suivre.

» Le génie, qui était resté en arrière avec une
partie de ses voitures, étant arrivé à huit heures du
soir, je prescrivis au colonel Lemercier de tout
préparer pour reconnaître le soir même l'état de la
porte d'El-Cantara, faire sauter ce qui restait encore debout, et frayer un passage à cinq compagnies d'élite des 63ᵉ et 59ᵉ régimens, que je mis
sous les ordres du commandant de Rancé, mon
aide-de-camp.

» Ces dispositions ne reçurent de la part des
troupes du génie qu'une lente exécution : elles
étaient exténuées de fatigue, venant de passer trente-
six heures dans la boue, sans feu et sans repos. On
ne reconnut la porte que peu de temps avant le
jour, et le génie déclara qu'il lui fallait la journée
du lendemain pour faire les préparatifs que néces-
sitait l'opération.

» Le 23, tandis que l'artillerie continuait à battre la ville, la brigade d'avant-garde fut vivement attaquée. Elle culbuta l'ennemi sur tous les points, et la cavalerie tua et sabra une grande partie de l'infanterie turque du bey. Ce fut le chef d'escadron de Torigny qui dirigea cette charge de la manière la plus brillante; et durant tout le cours de la campagne il n'a cessé de donner des preuves de valeur et de sang-froid. De notre côté, nous fûmes également attaqués, et le général Trézel fit repousser vivement les Arabes par le 59ᵉ régiment de ligne, qui couvrait le quartier-général.

» Dans l'espoir de détourner l'attention de la garnison et d'effrayer les habitans, j'ordonnai pour la nuit deux attaques simultanées: l'une, contre la porte d'El-Cantara, devait être dirigée par le colonel Lemercier; l'autre, du côté de Koudiat-Ati, devait être tentée par les troupes de l'avant-garde.

» Le général Trézel, aussitôt que la nuit fut venue, plaça lui-même les troupes du 59ᵉ et du 63ᵉ, qui devaient seconder le corps du génie. Le colonel Lemercier fit avancer ses hommes et son matériel, sous les ordres du commandant Morin et des capitaines Hackett et Ruy. La garnison commença aussitôt le feu le plus nourri et le plus soutenu. Un ordre, donné mal à propos de faire avancer la compagnie franche de Bougie qui faisait tête de colonne, mit le désordre dans le travail commencé par les sapeurs. Nous eûmes beaucoup de monde mis hors de combat; les hommes qui portaient les échelles furent tués ou blessés; le capitaine de génie Ruy eut la jambe et le poignet fracassés; enfin le général Trézel, qui se tenait au plus fort du feu pour disposer et encourager les troupes, fut renversé par un coup de feu au travers du cou. Le colonel Lemercier déclara qu'il fallait renoncer à l'attaque et faire retirer les troupes, ce que j'ordonnai immédiatement.

» L'attaque sur Koudiat-Ati fut également infructueuse; de braves officiers y trouvèrent une mort glorieuse; entre autres le capitaine du génie Grand, officier de la plus grande espérance, et le commandant Richepanse. Le lieutenant-colonel Duvivier donna dans cette circonstance de nouvelles preuves de bravoure et d'habileté. Le lieutenant d'artillerie Bertrand, qui fut blessé, montra une valeur et une énergie dignes des plus grands éloges.

» *Ces tentatives qu'il était de notre honneur de faire avant de partir ayant échoué, je songeai* à profiter du reste de la nuit pour réunir l'armée, et tout disposer pour la mettre en marche. J'envoyai le commandant de Rancé à la brigade d'avant-garde, pour lui donner l'ordre de lever son camp sur-le-champ, de repasser avant le jour l'Oued-Rammel, afin de se placer sur la position que j'occupais.

» Cette marche ayant été promptement et heureusement faite, j'indiquai l'ordre dans lequel devaient se placer les différens corps; et l'armée s'étant ébranlée avec tous les bagages et toute l'artillerie, nous fûmes camper à Soma.

» Cette première journée de retraite fut très difficile, la garnison entière et un grand nombre de cavaliers arabes nous attaquant avec acharnement, surtout à l'arrière-garde. Mais le 63ᵉ régiment et le bataillon du 2ᵉ léger du commandant Changarnier, soutenus par les chasseurs à cheval d'Afrique, repoussèrent brillamment toutes les attaques, tuèrent beaucoup de monde à l'ennemi, et le continrent constamment.

» Dans un moment si grave et si difficile, M. le commandant Changarnier s'est couvert de gloire et s'est attiré les regards et l'estime de toute l'armée ; presque entouré par les Arabes, chargé vigoureusement et perdant beaucoup de monde, il sut inspirer une telle confiance à son bataillon formé en carré, qu'au moment où il était vivement assailli, il fit pousser à sa troupe deux cris de *vive le Roi !* et les Arabes intimidés ayant fait demi-tour à vingt pas du bataillon, un feu de deux rangs, à bout portant, couvrit d'hommes et de chevaux trois faces du carré. Le capitaine Mollière, mon officier d'ordonnance, chargé en cet instant critique de porter un ordre au commandant Changarnier, se trouva au nombre de ces braves, et eut part à cette noble résistance. Pendant toute la journée et celles qui suivirent, le bataillon du 2e léger servit à l'arrière-garde avec la même distinction et fut vaillamment imité, notamment au passage de la Seybouse, à Medjaz-el-Amar, par le lieutenant-colonel Duvivier, commandant le bataillon d'Afrique et la compagnie franche de Bougie.

» Le 25, nous fûmes camper à Oued Talaga, repoussant toujours avec succès les attaques réitérées des Arabes.

» Le 26, l'armée coucha à Sidi-Tamtam, et déjà nous nous apercevions que le nombre des ennemis avait considérablement diminué. Au moment où nous quittâmes ce bivouac, les Arabes et les Kabyles s'étant comme d'ordinaire précipités sur l'arrière-garde, dans l'espoir de lui faire abandonner quelques bagages ou quelques blessés, trois escadrons des chasseurs d'Afrique exécutèrent une charge brillante, à laquelle prirent part avec distinction le capitaine de La Tour-Dupin, mon aide-de-camp, et les lieutenans de Drée et Baichis, mes officiers d'ordonnance. Le capitaine des chasseurs Morrice, commandant l'un des escadrons, et qui s'était déjà fait remarquer, laissa la lame de son sabre dans le corps d'un Arabe.

» Le 27, nous avions à passer le défilé difficile qui conduit au col de Raz-el-Akba ; j'ordonnai au commandant de Rancé d'ouvrir la marche à la tête de deux escadrons. Cette cavalerie s'acquitta vigoureusement de cette mission difficile, couronnant les crêtes de mamelons en mamelons, et repoussant ou contenant à distance la cavalerie arabe. Nous repassâmes enfin le col de Raz-el-Akba ; les Arabes cessèrent à ce point de nous suivre, et ne reparurent plus. Les Kabyles ayant essayé de nous fermer ce passage, furent chargés au haut du col par les spahis, et grand

nombre d'entre eux restèrent sur la place ; débus-
qués ensuite par l'infanterie des bois où ils avaient
pris position à droite et à gauche du chemin que
nous avions tracé, ils furent contraints à une retraite précipitée. Dans cette circonstance le capitaine Mac-Mahon, aide-de-camp de S. A. R.,
les lieutenans Baichis et Bertrand, mes officiers
d'ordonnance, se conduisirent vaillamment : le
dernier eut son cheval tué à bout portant. Nous
campâmes au pied de la montée *de la* 10ᵉ sur la
rive droite de la Seybouse.

» Le 28, nous achevâmes d'éloigner les Kabyles, dont quelques bandes occupaient les crêtes
qui dominent le défilé qui conduit à Guelma,
où nous arrivâmes de bonne heure.

» Je laissai à Guelma les malades, qui pourront s'y rétablir plus facilement qu'à Bone, et je
pris avec l'intendant militaire et le génie les dispositions nécessaires pour faire de ce poste un
point militaire très important.

» C'est une grande satisfaction pour moi, Mon-
sier le ministre, d'avoir à vous signaler le courage, la patience, et parfois la résignation de nos
jeunes soldats. Au milieu de tant de souffrances,

de tant de fatigues et de dangers, ils n'ont pas pro-
féré une plainte, ils n'ont montré aucun découragement.

» Les 63e, 59e régimens de ligne, le 17e léger,
le bataillon d'Afrique, la compagnie franche de
Bougie, le bataillon du 2e léger, et l'artillerie,
constamment et habilement dirigée par le colonel Tournemine, ont rivalisé de zèle et de bravoure. Lorsqu'une partie du 62e a pillé les prolonges restées en arrière, le colonel Levesque a
fait humainement tout ce qui était possible pour
empêcher ce désordre.

» Le colonel Boyer, aide-de-camp de S. A. R.,
s'étant mis à ma disposition, avec l'agrément du
prince, a rendu de grands services. Dans plusieurs circonstances difficiles et périlleuses, je l'ai
chargé de commandemens importans. Il a eu un
cheval tué sous lui.

» Le lieutenant-colonel de Chabanne, déjà
connu du 3e régiment des chasseurs, a été fort
remarquable aussi en dirigeant plusieurs fois les
mouvemens de ce corps, et même ceux de quelques colonnes d'infanterie.

» M. Baudens, chirurgien-major, attaché à M. le duc de Nemours, a donné avec beaucoup de dévouement, sur le terrain même, et sous le feu de l'ennemi, des soins empressés au général Trézel et aux blessés du 63ᵉ régiment.

» MM. les ducs de Mortemart et de Caraman, et M. de Saint-Aldegonde, qu'un noble intérêt pour ce pays a conduits à faire toute la campagne au milieu de nos troupes, m'ont souvent offert leurs services dans les occasions les plus graves.

Tous les officiers qui m'étaient attachés comme officiers d'ordonnance ont fait plus que leur devoir. Les capitaines Mollière, Clausel et Leblanc, le lieutenant Rewbell, et le sous-lieutenant Guyon, méritent d'être cités très honorablement.

» M. le général Trézel fait les plus grands éloges du capitaine d'état-major de Lavaux-Coupé et du lieutenant de Morny.

» Le chef d'état-major colonel Duverger, qui déjà, comme commandant supérieur de Bone, avait rendu des services que j'ai plusieurs fois signalés, a fait tout ce que, dans une campagne

aussi difficile , il était possible de faire pour diriger le service important dont il était chargé.
Je lui ai confié plusieurs fois des commandemens à l'arrière-garde et à l'avant-garde , notamment pendant notre première marche en retraite ;
il a fait preuve à la fois d'expérience et d'habileté. Il a été parfaitement secondé par le commandant Perrin , le capitaine Zaragossa , et les
lieutenans Mimon et Letellier.

» Le capitaine d'état-major Saint-Hippolyte que
j'avais envoyé à l'avance pour recueillir des renseignemens topographiques , s'en est acquitté avec
une grande distinction : chargé , pendant toute
la campagne, de plusieurs missions importantes,
il a servi de manière à mériter [de vous être ,
Monsieur le ministre , vivement recommandé.

» Le service de l'intendance a été habilement
dirigé par M. l'intendant Melcion d'Arc et M.
le sous-intendant Evain , qui ont eu beaucoup à
se louer de l'agent comptable Thiébault.

» Enfin , Monsieur le ministre , dans une si-

tuation comme celle où s'est trouvée l'armée, il
a fallu, de la part de tous les officiers., une énergie et un courage à toute épreuve. Tous ont compris et rempli leurs devoirs ; tous ont mainte fois
payé de leur personne à la tête des troupes.

» Je n'ai pu réunir encore les documens que
doivent me fournir les chefs de corps : aussitôt
qu'ils seront entre mes mains, j'en ferai l'objet
d'un second rapport que j'aurai l'honneur de
vous adresser par le prochain courrier, en ap-
pelant tout votre intérêt sur ceux qui, parmi un
si grand nombre ayant bien fait, mériteront
de vous être plus particulièrement désignés. Je
vous ferai connaître en même temps, Monsieur
le ministre, le nombre des tués et des blessés.

» En résumé, le corps expéditionnaire s'est porté
sur Constantine sans avoir aucun acte d'hostilité
à réprimer ; il a éprouvé pendant quinze jours
à Bone, des fièvres qui ont retenu 1800 hommes
aux hôpitaux: il a été abîmé près de Constantine
et autour de cette place, par la pluie, la neige,
la glace et la boue.

» Il a peu perdu par le feu de la place et de l'ennemi, lorsqu'il nous a suivis sur Raz-el-Akba, tandis que les Kabyles qui étaient venus pour s'opposer à notre retour ont eu plus de 400 tués.

» Le corps expéditionnaire a ramené son artillerie, tous les caissons qui ne s'étaient pas brisés; tous les soldats faibles et tous les malades et blessés ont été aidés ou transportés; et enfin il a été établi une garnison à Guelma, où tout ce qui serait nécessaire pour une autre expédition peut être réuni avant qu'on l'exécute.

» Je donne l'ordre au commandant de Rancé de se rendre auprès de vous, Monsieur le ministre, afin de vous faire connaître les détails dans lesquels les bornes d'un rapport ne me permettent pas d'entrer.

» Je charge particulièrement mon aide-de-camp d'exprimer au Roi comment Monsieur le duc de Nemours a su partager la fatigue et les périls de l'armée, et combien sa sollicitude pour nos soldats a été vive et éclairée dans les circonstances pénibles et difficiles dans lesquelles nous nous sommes trouvés.

» J'ai l'honneur d'être, Monsieur le ministre, votre très humble et très obéissant serviteur.

» *Le maréchal gouverneur-général des possessions françaises dans le nord de l'Afrique*,

MARÉCHAL CLAUSEL. »

ORDRE GÉNÉRAL.

Guelma, 29 novembre 1836.

« C'est avec une émotion profonde et une vive
» satisfaction que le maréchal gouverneur-géné-
» ral félicite les troupes sous ses ordres du cou-
» rage et de la résignation qu'elles ont montrés
» dans leur mouvement sur Constantine, en sup-
» portant avec une admirable constance les souf-
» frances les plus cruelles de la guerre.
» Honneur soit rendu à leur caractère.

» Un seul a montré de la faiblesse ; mais on a
» eu le bon esprit de faire justice des propos im-
» prudens et coupables qui n'auraient jamais dû
» sortir de sa bouche.

» Soldats, dans quelque position que nous nous
» trouvions ensemble, je vous en sortirai avec
» honneur, recevez-en l'assurance de votre géné-
» ral en chef. Souvenez-vous toujours que vous

» avez la gloire de votre pays, votre belle réputa-
» tion, et un fils de France à défendre. Cette noble
» tâche a été dignement remplie. Votre conduite
» pendant cette mémorable expédition nous assure
» la reconnaissance de la France, la satisfaction
» du roi et l'admiration du monde entier.

» *Le Maréchal Gouverneur-général.*

» *Signé :* CLAUSEL. »

FIN.

www.ingramcontent.com/pod-product-compliance
Ingram Content Group UK Ltd.
Pitfield, Milton Keynes, MK11 3LW, UK
UKHW021730090726
13657UKWH00002B/613